Henri [...]
d'Augsbourg des comptes rendus sur la vie politique, littéraire et artistique du moment, qui furent plus tard rassemblés dans deux volumes : *De la France* et *Lutèce*.

Il y parlait à l'occasion de musique, car la période était riche et voyait triompher l'opéra, les ballets, les concerts. Ce sont ces textes, consacrés à la vie musicale de 1836 à 1847, que réunit dans le présent volume Rémy Stricker, auteur de nombreux ouvrages sur différents compositeurs (parmi lesquels, chez Actes Sud, *Les Mélodies de Duparc*, en 1996).

Loin des considérations techniques et musicologiques, Henri Heine, fidèle à son ironie mordante et à son alacrité de ton, brosse un tableau clairvoyant et d'une grande modernité, construisant une véritable "socio-poétique" du genre.

HENRI HEINE

Selon un mot célèbre, Henri Heine était un événement européen et un scandale allemand : installé à Paris à partir de 1831, il a rompu à la fois avec la tradition classique et avec le romantisme, et, inventeur de la *Loreleï* comme du *Vaisseau fantôme* que reprendra plus tard Wagner, il est devenu, notamment avec *Le Livre des chants*, l'un des poètes les plus célèbres du XIXe siècle.

ÉLÉMENTS BIBLIOGRAPHIQUES

Mémoires
Le Tambour de la liberté
Tableaux de voyage en Italie
L'Ecole romantique
Allemagne, un conte d'hiver
De la France
Lutèce
De l'Allemagne
Romancero
Le Livre des chants

MAIS QU'EST-CE QUE LA MUSIQUE ?

Collection dirigée par Sabine Wespieser et Hubert Nyssen

ISBN 2-7427-1448-0

Illustration de couverture :
Portrait de Henri Heine

HENRI HEINE

MAIS QU'EST-CE QUE LA MUSIQUE ?

chroniques

édition préparée et présentée
par Rémy Stricker

BABEL

AVERTISSEMENT

Il en faut un, et même plusieurs, avant d'entendre Heine parler de musique. D'abord, voilà un homme qui ne “la savait pas”, comme on dit. Cela devrait jouer contre lui et faire passer dès lors ses propos pour pures fantaisies littéraires. Des amis qui l'ont accompagné au concert prétendent qu'il y découvrait que la *basse continue* n'était pas une contrebasse. Ou bien que, dans un de ces programmes pots-pourris du temps, où alternaient l'instrumental et le vocal, des improvisations et des numéros de virtuoses, il se retrouva à la fin d'une symphonie croyant n'avoir entendu que le premier mouvement. Mais faut-il absolument ajouter foi à ces anecdotes ? Des amis écorchés par la causticité du poète ne prennent-ils pas là leur revanche ? Et ce prétendu béotien ne donnait-il pas malicieusement le change ? J'aurais bien envie de le penser, s'agissant d'un des rares hommes de lettres du XIXe siècle qui aient si bien parlé de musique, en France, du moins ; mieux que Stendhal : il n'aurait pas mis Cimarosa à égalité avec Mozart et Rossini ; mieux que Gautier, lequel rend justement compte de tout événement important, mais souvent sans trop d'esprit critique. Heine a beau avouer dans *De l'Allemagne* qu'il est embarrassant de parler d'un art dont les origines connues ne remontent pas pour lui au-delà du XVIe siècle, il ne traitera pas Palestrina à l'étourdie de "père de l'harmonie" comme l'a fait Hugo, et ne tombera pas dans cette idée reçue, propre à tout le siècle ou presque, que ce seul Palestrina fonde une musique religieuse. On lira, à ce propos, sa défense du *Stabat Mater* de Rossini contre les grincheux fondamentalistes du moment, où il oppose la vraie religiosité des grands peintres espagnols aux tièdes contrefaçons historicisantes des Nazaréens. Il faudra attendre le XXe siècle bien avancé pour que ce faux débat sur la musique sacrée et profane ne condamne plus Mozart et Verdi. Heine, lui, avait déjà vu juste, même s'il lui faut alors un bouc émissaire en la personne de Mendelssohn, fustigé à tort comme un imitateur de Bach et Haendel, dans son *Paulus*.

Il serait évidemment outré de lui faire place égale aux grands écrits de musiciens (Berlioz, Schumann, Liszt) comme témoin informé de l'activité musicale contemporaine : ce n'est pas en technicien qu'il nous entretient. Mais on est obligé de constater, au fil de la lecture, qu'il a fort bien su séparer le bon grain de l'ivraie, avec un fameux discernement. Il est arrivé aux compositeurs-écrivains de louer *aussi* tel petit-maître aujourd'hui oublié (auquel ils reconnaissaient précisément des qualités techniques : Berlioz et Schumann, tellement exigeants en matière de goût, n'échappent pas toujours à ce travers). Heine détache clairement ce qu'il entend de plus grand et que nous considérons encore aujourd'hui comme tel. Il voit en Chopin le classique, dans la lignée de Mozart, Raphaël et Goethe. Malgré Meyerbeer (on y reviendra), il consacre la supériorité de Rossini à l'opéra. Il reconnaît l'excellence de la Société des concerts du Conservatoire, tranchant sur le médiocre tout-venant, aussi bien que toute manifestation organisée par Berlioz ou Liszt, "phénomènes les plus remarquables du monde musical parisien ; je dis les plus remarquables, et non pas les plus beaux, ni les plus agréables". Reconnaissant la stature et dépassant son goût personnel. Seront-ils nombreux après lui, les critiques de "musique contemporaine", à faire ainsi la part des choses ?

Mais pourquoi ces textes ? A l'origine, comptes rendus envoyés de Paris à la *Gazette d'Augsbourg* sur la vie politique, littéraire et artistique, les parties musicales sont nettement en minorité et resteront ainsi éparses lorsque Heine réunira plus tard ces articles en volumes : *De la France* et *Lutèce.* Il a donc vécu et commenté, de 1836 à 1847, une période essentielle de la vie musicale, dans un lieu privilégié, où triomphaient l'opéra, le ballet, les concerts, car tout le monde des virtuoses considérait alors Paris comme un lieu de passage obligé. Etat de grâce qui ne cesse pas en 1847, mais alors Heine commence à se retirer, la maladie le condamnant peu à peu au grabat. D'ailleurs, l'annonce de la déchéance de Donizetti, dans le dernier article, fait nettement allusion au sort de l'auteur ; le sardonique se teinte encore une fois de mélancolie.

Cet alliage étrange, qui marque déjà son œuvre poétique et romanesque, donne à sa critique un ton inimitable et difficilement définissable, quelque chose de socio-poétique. Le cas de Meyerbeer est exemplaire. Si Heine succombe devant le succès colossal des *Huguenots* ou de *Robert le Diable*, s'il attend avec impatience la création du *Prophète*, c'est qu'il semble réagir comme tout ce qui l'entoure : du grand public aux plus illustres spécialistes, comme Berlioz ou Liszt, tout le monde encense Meyerbeer. Il n'y manque pas, mais sa vision est trois fois originale. D'abord il le considère comme un musicien profond et savant – par comparaison avec les Italiens ou les italianisants (Auber et Halévy), dont les agréments superficiels ne le trompent pas. Ensuite il décèle, dans les livrets et leur mise en musique, une couleur sociale et poétique que nous sentons sans doute moins aujourd'hui, mais qui existe et explique une part de l'adhésion générale. Enfin, tout en dénombrant les atouts, il finit par se demander, non moins prophétiquement, si l'œuvre est bien assurée d'atteindre la postérité. Plus que la condamnation sommaire de Schumann ou l'enthousiasme inconditionnel de Liszt, la vision de Heine a le double mérite de scruter les points forts et de questionner les faiblesses d'un musicien dont le procès n'est pas clos en notre fin de siècle.

On a déjà noté sa tiédeur envers les Italiens, il n'a pas plus de goût pour l'opéra-comique français, car dans tout cela il sent assez finement les épigones du rossinisme. Il lui faut plus de matière, et non seulement musicale, mais sociale ou poétique, justement. De là sa férocité envers les cache-misère somptueux de la mise en scène à l'opéra, laquelle pourrait encore éveiller les consciences actuelles. De là son ennui au ballet classique, ironiquement comparé au jardin à la française, infiltré de licence non moins française, dénaturant dit-il cet argument de *Giselle*, qu'il a inspiré lui-même, par la grâce fade de la musique d'Adam. Quand on en vient aux interprètes, les grandes vedettes italiennes du chant ont certes les charmes du rossignol ; sans dédaigner pour autant plumage et ramage, Heine fera un portrait saisissant de la grande Pauline Viardot, s'étonnant de cette fascination où se mêlent laideur et beauté, au point qu'il nous semble lire un portrait de la Callas, opposé plus loin aux suavités de Jenny Lind, qu'on dirait encore valables pour quelque Joan Sutherland. Dès qu'il s'agit de l'instrumental, sa verve opère comme une sorte de précipité. Les pianistes surtout l'exacerbent. Il gémit comiquement devant l'invasion des virtuoses : la multiplication des "lapins" (Kalkbrenner, Wolf ou Pixis…) aiguise ses armes les plus tranchantes, sa drôlerie la plus irrésistible. Tous ces envahisseurs, aussi doués pour la publicité (nouvelle prophétie), ne sont que mécanisme perfectionné (même remarque). Pas question de les comparer au séduisant Thalberg (passons-lui la faiblesse, nous n'étions pas là pour en subir le charme et ne connaissons plus que ses partitions un peu vaines), au vrai poète Chopin qu'aucun trait d'esprit n'égratignera jamais, au transcendant Liszt.

Ici, pourtant, s'amoncellent les nuages : de prime abord il n'y a personne pour se comparer à cette maîtrise surnaturelle, puis viennent peu à peu des piques de plus en plus venimeuses sur sa mise en scène du génie, cette *lisztomanie* (l'invention du mot revient à Heine), voire cette boulimie de culture littéraire et philosophique, qu'il ne mesure pas plus justement que ne le feront les temps à venir. Aveuglé par les apparences, quoique toujours conscient de l'exception du génie, Heine ira trop loin dans la griffure et s'attirera une réponse non moins spirituelle dans les *Lettres d'un bachelier ès musique* de Liszt. D'où la brouille inévitable avec celui qu'on imagine volontiers (en même temps que Berlioz) comme l'éducateur du poète en esthétique musicale. De qui d'autre, hormis sa remarquable intuition, Heine aurait-il tenu, non le goût, mais la culture musicale qui transparaît partout ici, sinon de ceux dont il fut un temps l'ami et qui savaient si bien parler de leur art ? Aussi bien, en riant franchement des caricatures de Berlioz et de Liszt, ne peut-on s'empêcher d'y lire entre chaque ligne la reconnaissance de la vraie grandeur.

C'est encore un des paradoxes de la critique heinéenne que cette propédeutique du mot d'esprit. Il en pousse à chaque paragraphe, au point que tout le monde devient bouc émissaire. Voyez le pauvre

Spontini, cruellement crucifié par le ridicule. Mais tant d'acide n'est versé là que pour éviter l'assoupissement et prêter au lecteur son intelligence. Nonobstant beaucoup de tendresse, d'enthousiasme et de finesse d'oreille. Chaque phrase est minée de sous-entendus, dans l'un ou l'autre sens : une louange cache une flèche visant juste, une satire fait saillir la qualité ineffable. Heine installe qui le lit dans cet équilibre instable qui fut le sien, entre germanité et latinité, entre judaïsme et christianisme, il ne lui laisse nul appui confortable, ne le conforte dans aucune certitude bourgeoise, lui rappelle sans cesse, au fil de la lecture la plus plaisante, qu'on ne saurait parler d'art sans faire la part constante à l'ambiguïté des mots, des émotions, des modes ou des passions. Dès le premier article, burlesque va-et-vient entre la première des *Huguenots* de Meyerbeer et l'inauguration de l'hôtel de Rothschild, la coïncidence fait naître mille fourmillements d'allusions esquissées, d'images dans le tapis, de quasi-rébus. A vous de déjouer les innocents coq-à-l'âne qui trahissent et fustigent l'argent corrupteur, la mondanité fallacieuse, la mode réactionnaire historicisante, ces vieux ennemis du socialiste impénitent.

Le titre de cette anthologie est emprunté au deuxième article. En deux pages, Heine pose une énigme éternelle : la musique, qu'est-elle et qu'en dire ? Il s'en tire avec l'astuce d'un nouvel Œdipe : croquant la silhouette inoubliable de deux mélomanes adverses qui ferraillent en fredonnant férocement tour à tour des airs de Rossini et de Meyerbeer. Et Heine de feindre qu'il n'y a d'autre lice possible pour débattre de l'art des sons. Que toute parole est vaine, technique et non artistique, pédante et non émotionnelle. Passant outre, tout ce qu'il écrit pourtant aiguise toujours les sens et l'intelligence de son lecteur, cent cinquante ans plus tard. Comme une sorte de traduction libre de la musique en verbe. Au milieu des oubliés par le temps, des oubliés volontaires heinéens – la musique allemande de Beethoven, Schubert et Schumann apparaît peu ou point –, surgissent, vivants comme des diables ou comme des anges, les bons ou les mauvais esprits, les vrais *génies*, ceux qui nous habitent et nous ravissent toujours. Heine leur fait crever l'écran de l'histoire.

R. S.

Les textes I à III proviennent des "Lettres sur la scène française", partiellement reprises dans *De la France* ; IV à XII de *Lutèce.*

Pour l'identification des noms propres de musiciens, on se reportera à l'index en fin de volume. Certains personnages évoqués par Heine n'ont pu être situés car ils n'ont pas laissé de trace.

Je remercie Maria Vignes, Nicole Wild et Jan Willem Noldus pour leurs précieux éclaircissements.

I

1er mars 1836

Pour le beau monde de Paris, ce fut hier un jour mémorable : la première représentation tant attendue des *Huguenots* de Meyerbeer se donnait à l'Opéra et Rothschild donnait son premier grand bal dans son nouvel hôtel particulier. J'ai voulu jouir des deux magnificences dans la même soirée et j'ai tant pris sur moi que j'en suis comme ivre, que les pensées et les images se bousculent dans ma tête et que je puis à peine écrire, tant je suis étourdi et épuisé. Il ne peut vraiment pas être question de jugement. Il faut entendre *Robert le Diable* une douzaine de fois avant de pénétrer les beautés de ce chef-d'œuvre. Et les juges de l'art assurent que, dans *Les Huguenots*, Meyerbeer a montré une maîtrise encore plus grande de la forme, encore plus d'esprit dans la réalisation du détail.

Il est aujourd'hui le plus grand des contrapuntistes vivants, le plus grand artiste musicien ; il apparaît cette fois comme un créateur de formes nouvelles dans le royaume des sons, de nouvelles mélodies aussi, tout à fait extraordinaires, non pas en surabondance anarchique, mais là où il le décide et quand il le décide, à l'instant où leur nécessité se fait sentir. Ainsi se distingue-t-il d'autres musiciens de génie, dont la richesse mélodique trahit en réalité le manque d'art et qui se laissent emporter par le flot de la mélodie, obéissant à la musique plutôt qu'ils ne la dirigent. C'est à juste titre qu'on a comparé, hier soir au foyer de l'Opéra, le sens artistique de Meyerbeer à celui de Goethe. Mais, au contraire de Goethe, l'amour de son art, de la musique, a pris chez notre grand *maestro* un caractère si passionné que ses admirateurs se font souvent du souci pour sa santé. Il y a, chez cet homme, quelque chose de la métaphore orientale de la chandelle qui éclaire les autres, tandis qu'elle-même se consume. Il est, de plus, l'ennemi déclaré de toute non-musique, de toutes les discordances, brailleries, couinements de toute sorte, et l'on raconte les choses les plus plaisantes à propos de son antipathie pour les chats et leur musique. La seule présence d'un chat peut le chasser d'une pièce et le conduire à l'évanouissement.

Je suis convaincu que Meyerbeer mourrait, s'il était nécessaire, pour une phrase musicale, tout comme un autre le ferait pour un article de foi. Oui, je suis d'avis qu'au jour du Jugement dernier, si une trompette jouait faux, Meyerbeer serait capable de demeurer tranquillement dans son tombeau et de ne prendre aucune part à la résurrection générale. Son enthousiasme en la matière, de même que sa modestie, sa noble et bonne nature, met sans peine à terre cette petite fraction d'opposants qui, excitée par le succès colossal de *Robert le Diable*, a eu assez de loisir pour se coaliser et qui accompagne naturellement le nouveau cortège triomphal de ses chansons vipérines. Ne vous étonnez donc pas si quelques sons aigres se font entendre au milieu de l'acclamation unanime. Un marchand de musique, lequel n'est pas l'éditeur du nouvel opéra, forme le minuscule noyau de cette opposition, auquel s'adjoignent quelques renommées éteintes depuis longtemps ou d'autres pas encore allumées.

Ce fut, hier soir, un merveilleux spectacle : le public parisien le plus élégant, paré pour la fête, rassemblé dans la grande salle de l'Opéra, tremblant d'impatience, respectueux dans le plus grand sérieux, de la dévotion, presque. Tous les cœurs semblaient bouleversés. C'était la musique.

Et ensuite, le bal de Rothschild. Comme je n'en suis parti qu'à quatre heures ce matin et que je n'ai pas encore dormi, me voilà très fatigué pour vous faire un rapport sur le théâtre de cette fête, sur le nouveau palais tout à fait construit dans le goût de la Renaissance et sur le public qui déambulait là, absolument stupéfait. Ce public consistait, comme dans toutes les soirées de Rothschild, en un choix très strict d'illustrations aristocratiques pouvant en imposer par le grand nom ou le haut rang ; les dames par la beauté ou la toilette. En ce qui concerne la décoration de ce palais, tout est ici rassemblé, tout ce que peut inventer l'esprit du XVIe siècle et que peut payer l'argent du XIXe. Ici se font concurrence le génie du bel art et le génie de Rothschild. On travaille sans répit depuis deux ans à la décoration de ce palais et les sommes qui y ont été consacrées doivent être effrayantes. Quand on lui pose la question, M. de Rothschild sourit. C'est le Versailles de la royauté absolue de la finance. Il faut donc s'émerveiller du goût avec lequel on a aménagé tout cela, au moins autant que du prix de l'aménagement. M. Duponchel a dirigé la décoration et tout fait la preuve de son bon goût. Dans l'ensemble aussi bien que dans les détails, on reconnaît le sens artistique de la maîtresse de maison, qui n'est pas seulement une des plus jolies femmes de Paris, mais qui est aussi remarquable par son esprit et son savoir ; elle s'occupe aussi pratiquement de beaux-arts, notamment de peinture.

La Renaissance, comme on nomme le temps de François Ier, est maintenant de mode à Paris. On meuble et on habille tout, à présent, au goût de cette période ; eh oui ! beaucoup poussent cela jusqu'à la rage. Que veut dire ce soudain éveil de la passion pour cette époque de réveil des arts, de réveil de la joie de vivre, de réveil de l'intelligence sous forme de beauté ? Peut-être y a-t-il dans notre temps certaines tendances que cette sympathie cherche à prouver, documents à l'appui.

II

21 janvier 1838

Mais qu'est-ce que la musique ? Cette question m'a occupé hier au soir pendant des heures avant de m'endormir. C'est une étrange chose que la musique ; je dirais volontiers qu'elle est un miracle. Elle est entre la pensée et le phénomène : comme une médiatrice crépusculaire, elle plane entre l'esprit et la matière, apparentée à tous deux, et pourtant différente de tous deux ; elle est esprit, mais esprit qui a besoin de la mesure du temps ; elle est matière, mais matière qui peut se passer de l'espace.

Nous ne savons pas ce qu'elle est. Mais ce qu'est la bonne musique, nous le savons, et mieux encore nous savons ce qu'est la mauvaise, car, de cette dernière, il nous en est venu davantage aux oreilles. La critique musicale ne peut s'appuyer que sur l'expérience, et non pas sur une synthèse ; elle ne devrait classer les œuvres musicales que par leurs analogies, et prendre pour règle l'impression qu'elle produit sur tout le monde.

Rien n'est plus insuffisant que de vouloir faire des théories musicales ; ici, il y a sans doute des lois, des lois mathématiquement déterminées ; mais ces lois ne sont pas la musique, ce sont ses conditions, de même que l'art du dessin et la théorie des couleurs, ou même la palette et le pinceau, ne sont pas la peinture, mais ses moyens nécessaires. L'essence de la musique est d'être une révélation ; on ne saurait en rendre compte, et la vraie critique musicale est une science expérimentale.

Je ne connais rien de moins récréant que la critique de M. Fétis, ou de son fils M. Fœtus, où l'on démontre *a priori* le mérite ou les défauts d'une œuvre musicale. De semblables critiques, écrites dans un certain argot et lardées d'expressions techniques qui ne sont point connues des gens cultivés, mais seulement des exécutants, donnent aux yeux de la foule une sorte d'autorité à ce verbiage vide. De même que mon ami Detmold a écrit pour la peinture un manuel qui permet de devenir connaisseur en deux heures, quelqu'un devrait en faire autant pour la musique, et, par un vocabulaire ironique des phrases de la critique musicale et du jargon d'orchestre, mettre fin au vide métier d'un Fétis et d'un Fœtus. La meilleure critique musicale, la seule qui prouve quelque chose, je l'ai entendue l'année dernière à Marseille, où deux commis voyageurs disputaient à table d'hôte sur le thème du jour, lequel est le plus grand maître de Rossini ou de Meyerbeer. Aussitôt que l'un des disputants avait attribué à l'Italien l'absolue prééminence, l'autre faisait opposition, non pas avec de sèches paroles, mais en fredonnant les plus belles mélodies de *Robert le Diable.* Là-dessus, le premier ne trouvait pas de repartie plus victorieuse que de fredonner à son tour quelques passages du *Barbier de Séville*, et ils continuèrent ainsi pendant tout le repas ; au lieu d'un échange assourdissant de phrases insignifiantes, ils nous donnèrent la musique de table la plus exquise, et, à la fin, je dus convenir qu'il fallait ou ne pas disputer du tout sur la musique, ou bien le faire de cette façon toute réaliste.

Vous voyez, cher ami, que je ne vous ennuierai d'aucune tirade conventionnelle au sujet de l'opéra. Pourtant je ne peux, en traitant de la scène française, me dispenser totalement d'en parler. Vous n'avez pas non plus à craindre de ma part une discussion comparative, telle qu'on a coutume de s'y livrer, entre Rossini et Meyerbeer. Je me borne à les aimer tous deux, et à ne point aimer l'un aux dépens de l'autre. Bien que je sympathise peut-être davantage avec le premier qu'avec le second, ce n'est là qu'un sentiment particulier, et non point que je lui attribue un mérite supérieur. Peut-être ce sont chez lui des imperfections qui répondent en moi avec tant d'affinité à des imperfections correspondantes. De nature, je penche vers un *dolce far niente*, et je m'étends volontiers sur des gazons fleuris et considère les formes paisibles des nuages, et me délecte, en les voyant, des effets de l'ombre et de la lumière ; toutefois, le hasard a voulu que je fusse souvent tiré de cette agréable rêverie par les rudes bourrades du destin, contraint de prendre part aux douleurs et aux luttes de mon temps, et cette part fut loyale, et je me battis à l'égal des plus braves...

Mais – je ne sais comment exprimer cela – mes impressions gardèrent pourtant toujours quelque chose d'un peu à part de celles des autres ; je savais ce qu'ils éprouvaient, mais, moi, j'éprouvais tout autre chose ; et, bien que je précipitasse mon cheval de bataille aussi impétueusement que d'autres, et que mon glaive s'abattît sans merci sur les ennemis, jamais la fièvre ou l'ivresse ou l'angoisse du combat ne m'envahit. Plus d'une fois je me pris à m'inquiéter de ma sérénité intérieure ; il me semblait que mes pensées étaient ailleurs, pendant que je me démenais au plus fort de la bataille, et je m'apparaissais à moi-même comme Ogier le Danois, qui, cheminant en rêve, se battait contre les Sarrasins. Un tel homme doit préférer Rossini à Meyerbeer, et pourtant, à certaines heures, il rendra un hommage enthousiaste à la musique de ce dernier, sans pourtant s'y abandonner tout entier ; car c'est sur les vagues de la musique de Rossini que se bercent le plus doucement les joies et les souffrances de l'homme individuel : haine et amour, tendresse et désir, jalousie et bouderie, tout ici est le sentiment isolé d'un seul. Aussi, ce qui caractérise la musique de Rossini, c'est la prédominance de la mélodie qui est toujours l'expression immédiate d'un sentiment isolé. Chez Meyerbeer, au contraire, l'harmonie l'emporte ; dans le torrent des masses harmoniques s'éteignent et se noient les mélodies, comme les impressions particulières de l'individu se perdent dans le sentiment collectif de tout un peuple ; et dans ces torrents d'harmonie se précipite volontiers notre âme quand elle est saisie par les souffrances et les joies de l'humanité tout entière, et prend parti pour les grandes questions de la société. La musique de Meyerbeer est plus sociale qu'individuelle ; les contemporains reconnaissants, en retrouvant dans cette musique leurs luttes intimes et extérieures, les déchirements de leur âme et de leur volonté, leurs angoisses et leurs espérances, en applaudissant à la musique du grand *maestro* ne font que célébrer leur propre passion et leur enthousiasme. La musique de Rossini convenait au temps de la Restauration, où, après de grandes luttes et de grands désenchantements, le sens des intérêts collectifs disparaissait à l'arrière-plan dans les âmes blasées, et où les sentiments du moi pouvaient rentrer dans leurs droits légitimes. Jamais, pendant la Révolution et l'Empire, Rossini n'eût atteint sa grande popularité ; Robespierre l'aurait accusé peut-être de mélodies antipatriotiques, modérantistes même, et Napoléon ne l'aurait pas fait maître de chapelle de la Grande Armée, où il avait besoin d'un enthousiasme universel et collectif… Pauvre cygne de Pesaro ! le coq gaulois et l'aigle impériale t'auraient peut-être déchiré, et, plutôt que les champs de la vertu civique et de la gloire, il te fallait un lac tranquille où les lis pacifiques du rivage t'appelaient doucement, et où tu pouvais voguer çà et là, la beauté et la grâce dans chaque mouvement. La Restauration fut l'époque triomphale de Rossini, et les étoiles du ciel elles-mêmes, qui fêtaient alors un temps de repos et ne se préoccupaient plus du sort des peuples, l'écoutaient avec ravissement. Mais la révolution de Juillet a produit au ciel et sur terre un grand mouvement ; étoiles et hommes, anges et rois, oui, le bon Dieu lui-même, ont été arrachés à leur tranquillité, ont de nouveau une foule d'affaires, un temps nouveau à ordonner ; le loisir et le repos d'âme indispensable pour prendre plaisir aux mélodies du sentiment privé leur manquent, – et ce n'est que lorsque les grands chœurs de *Robert le Diable* et même des *Huguenots* éclatent en harmonies de colère, de jubilation, de sanglots, que leurs cœurs écoutent et pleurent, et jubilent et grondent dans un accord enthousiaste.

C'est là peut-être la raison essentielle de ce succès inouï, colossal, que les deux grands opéras de Meyerbeer ont obtenu partout. Il est l'homme de son temps, et le temps, qui sait toujours choisir son monde, l'a élevé tumultueusement sur le pavois, et proclame son règne, et célèbre avec lui son avènement triomphal. Ce n'est pas précisément une situation commode que d'être ainsi porté en triomphe : par le malheur ou la maladresse d'un seul des porte-pavois, il peut arriver qu'on soit périlleusement balancé, si ce n'est même fortement endommagé ; les couronnes de fleurs qui vous volent à la tête peuvent quelquefois blesser plus que réjouir ; elles peuvent même salir quand elles viennent de mains sales, et la surcharge des lauriers peut certainement procurer une sueur d'angoisse… Rossini, quand il rencontre un semblable cortège, sourit des plus ironiquement de ses fines lèvres italiennes, et puis il se plaint de son estomac, dont l'état empire chaque jour, de sorte qu'il ne peut vraiment rien manger.

C'est dur, car Rossini a toujours été très gourmand. Meyerbeer est justement le contraire ; de même que dans son apparence extérieure, il est aussi dans ses jouissances la modération même. Ce n'est que lorsqu'il a invité des amis que l'on trouve chez lui bonne table. Un jour que j'allais chez lui "à la fortune du pot", je le trouvai devant un pauvre plat de merluche, qui faisait tout son repas ; naturellement, j'assurai avoir déjà dîné.

Beaucoup ont prétendu qu'il était avare. Ce n'est pas le cas. Il n'est avare que pour les dépenses qui regardent sa personne. Pour les autres, il est la générosité même, et des compatriotes malheureux en ont surtout bénéficié jusqu'à l'abus. La bienfaisance est une vertu domestique de la famille Meyerbeer, de sa mère surtout, à laquelle j'adresse tous les nécessiteux, et jamais en vain. Il est vrai que cette femme est aussi la plus heureuse mère qu'il y ait au monde. Partout retentit autour d'elle la renommée de son fils ; où qu'elle aille et qu'elle se trouve voltigent à ses oreilles quelques lambeaux de sa musique ; partout sa gloire rayonne autour d'elle, et à l'Opéra, où tout un public exprime son enthousiasme pour Giacomo, dans les applaudissements presque frénétiques, son cœur maternel palpite de ravissements que nous pouvons à peine comprendre. Je ne connais dans l'histoire du monde qu'une mère qui lui puisse être comparée, la mère de saint Borromée, qui put, de son vivant, voir son fils canonisé, et, avec des milliers de croyants, s'agenouiller devant lui dans l'église et lui adresser ses prières.

Meyerbeer écrit maintenant un nouvel opéra que j'attends avec une grande curiosité. Le développement de ce génie est pour moi un spectacle des plus remarquables. Je suis avec intérêt les phases de sa vie musicale comme de son existence personnelle, et j'observe l'action réciproque qui a lieu entre lui et son public européen. Voilà dix ans que je l'ai rencontré la première fois à Berlin, entre l'université et la grand-garde, entre la science et le tambour, et il semblait se trouver là très mal à l'aise. Je me rappelle qu'il avait avec lui le docteur Marx, lequel appartenait à une sorte de régence musicale, qui, pendant la minorité d'un certain jeune génie, que l'on considérait comme le successeur légitime au trône de Mozart, ne cessait de rendre hommage à Sébastien Bach. Or, l'enthousiasme pour Sébastien Bach ne devait pas seulement remplir cet interrègne, mais encore anéantir la réputation de Rossini, que la régence craignait surtout, et, par conséquent, haïssait par-dessus tout. Meyerbeer passait alors pour un imitateur de Rossini, et le docteur Marx le traitait avec une sorte de condescendance, avec un air de supériorité affable qui, aujourd'hui, me fait rire de tout mon cœur. Le rossinisme était en ce temps le grand crime de Meyerbeer ; il était encore bien éloigné de l'honneur d'être attaqué pour lui-même. Il se gardait même prudemment de toute prétention, et, quand je lui racontai avec quel enthousiasme j'avais vu récemment représenter en Italie son *Crociato*, il sourit avec une tristesse enjouée, et me dit : "Vous vous compromettez en me louant moi, pauvre Italien, ici, à Berlin, dans la capitale de Sébastien Bach !"

Meyerbeer, en effet, était devenu tout à fait alors un imitateur des Italiens. L'humeur contre le berlinisme froid, humide, rationnellement spirituel et incolore, avait de bonne heure produit en lui une réaction naturelle ; il s'échappa en Italie, y jouit gaiement de la vie, s'y abandonna tout entier à ses sentiments personnels, et composa là ces opéras exquis où le rossinisme est poussé jusqu'à l'exagération la plus suave ; ici, l'or est encore recouvert de dorure, et la fleur parfumée de senteurs encore plus fortes. Ce fut là le temps le plus heureux de Meyerbeer ; il composa dans cette douce ivresse de l'heureuse sensualité italienne, et, dans la vie comme dans l'art, cueillit les plus charmantes fleurs.

Mais tout cela ne pouvait suffire longtemps à une nature allemande. Une sorte de nostalgie s'éveilla en lui pour le sérieux de la patrie ; tandis qu'il était couché sous les myrtes italiens, le souvenir du mystérieux frémissement des forêts de chênes se glissa en lui ; pendant que les zéphyrs du sud se jouaient autour de lui, il songea aux sombres chorals du vent du nord – il lui arriva peut-être comme à Mme de Sévigné, qui, pendant qu'elle demeurait à côté d'une orangerie, et ne respirait que le parfum des fleurs d'oranger, finit par désirer avidement la mauvaise, mais saine odeur d'un bon char de fumier... Bref, une nouvelle réaction eut lieu, le *signor* Giacomo redevint tout à coup un Allemand, se rattacha de nouveau à l'Allemagne, non pas à la vieille Allemagne usée et vermoulue, avec son étroit patriotisme de clocher ; mais à l'Allemagne jeune, généreuse et cosmopolite d'une nouvelle génération, qui a fait siennes toutes les questions de l'humanité, et les porte inscrites, ces grandes questions, non pas toujours sur sa bannière, mais d'autant plus ineffaçablement dans son cœur.

Peu après la révolution de Juillet, Meyerbeer parut devant le public avec une œuvre nouvelle qui avait germé dans son esprit, pendant les douleurs de cette révolution, avec *Robert le Diable*, le héros qui ne sait pas exactement ce qu'il veut, qui est constamment en lutte avec lui-même, image fidèle de la fluctuation morale de ce temps, qui s'agitait avec une si pénible inquiétude entre la vertu et le vice, s'usait en tentatives et en échecs, et n'avait pas toujours assez de force pour résister aux attaques de Satan ! Je n'aime nullement cet opéra, ce chef-d'œuvre de la poltronnerie, je dis de la poltronnerie, non pas seulement au point de vue du sujet, mais aussi de l'exécution, puisque le compositeur ne se fie point encore à son génie, n'ose pas s'abandonner à tout son élan, et se montre l'esclave tremblant de la foule, au lieu de lui commander en maître. C'est à bon droit qu'on a nommé alors Meyerbeer un génie timoré ; il lui manquait la croyance victorieuse en lui-même, il tremblait devant l'opinion publique, le moindre blâme l'effrayait, il flattait tous les caprices du public, et donnait à droite et à gauche les plus chaleureuses "poignées de main", comme s'il eût reconnu aussi dans la musique la souveraineté du peuple, et fondât son régime sur la majorité des voix, en opposition à Rossini, qui régnait en roi absolu, par la grâce de Dieu, dans l'empire musical. Cette anxiété ne l'a pas encore quitté dans la vie ; toujours il est inquiet de l'opinion du public ; mais le succès de *Robert le Diable* a eu pour lui ce résultat salutaire, qu'il n'est plus tourmenté par l'inquiétude pendant qu'il travaille, qu'il compose avec infiniment plus de sûreté, qu'il laisse ressortir dans ses créations la forte volonté de son âme. Et c'est avec cette liberté plus grande d'esprit qu'il écrivit *Les Huguenots*, où tout doute a disparu, où cesse le combat intérieur, tandis que commence ce duel extérieur, dont la peinture colossale nous frappe d'étonnement. Ce n'est que par cette œuvre que Meyerbeer a conquis, pour ne plus le perdre, son droit de bourgeoisie dans la cité éternelle des esprits, dans la Jérusalem céleste de l'art. Dans *Les Huguenots*, Meyerbeer se manifeste enfin sans crainte ; il y a dessiné dans des lignes hardies toutes ses pensées, et a osé exprimer avec des accents emportés tout ce qui agitait son cœur.

Ce qui distingue tout particulièrement cette œuvre, c'est l'équilibre entre l'enthousiasme et la perfection achevée de l'art, ou, pour mieux m'exprimer, la hauteur égale où s'y élèvent l'art et la passion ; l'homme et l'artiste ont rivalisé ici, et, quand celui-là agite le tocsin des passions les plus fougueuses, celui-ci sait transfigurer ces rudes accents de la nature, et nous fait frissonner en en tirant la plus douce harmonie. Tandis que la foule est saisie par la puissance intérieure, par la passion des huguenots, le connaisseur admire la maîtrise qui se trahit dans les formes. Cette œuvre est un dôme gothique, dont la flèche élancée et les coupoles colossales semblent avoir été dressées par la main hardie d'un géant, tandis que les innombrables festons, les rosaces, les arabesques que leur délicate finesse fait ressembler à une dentelle de pierre partout étendue témoignent de l'infatigable patience d'un nain. Géant dans la conception et le dessin de l'ensemble, nain dans l'exécution fatigante des détails, l'architecte des *Huguenots* est pour nous aussi inconcevable que le compositeur des vieux dômes. Lorsque dernièrement je me trouvais avec un ami devant la cathédrale d'Amiens, et que cet ami considérait avec effroi et compassion ce monument d'une puissance de géant dressant les tours comme des rochers, et cette infatigable patience de nain découpant des figurines de pierre, et qu'il me demanda enfin comment il se faisait qu'au jour d'aujourd'hui nous ne fussions plus capables d'élever de semblables édifices, je lui répondis : "Cher Alphonse, les hommes dans ces vieux temps avaient des convictions ; nous autres modernes, nous n'avons que des opinions, et il faut plus que cela pour dresser un dôme gothique."

C'est cela, Meyerbeer est un homme de conviction. Mais ceci ne se rapporte proprement pas aux questions sociales du jour, bien que, dans ce domaine, les idées de Meyerbeer soient aussi plus fortement assises que chez d'autres artistes. Meyerbeer, que les princes de la terre comblent de toutes les marques d'honneur possibles, et qui, d'ailleurs, ressent si bien ces distinctions, porte pourtant dans sa poitrine un cœur qui brûle pour les intérêts les plus saints de l'humanité, et confesse sans détour son culte pour les héros de la Révolution. C'est un bonheur pour lui que tant de gouvernements du Nord n'entendent rien à la musique ; autrement, ils verraient dans *Les Huguenots* autre chose qu'une lutte de partis entre protestants et catholiques. Toutefois, ses convictions ne sont pas précisément des convictions politiques et moins encore religieuses ; sa religion est seulement négative ; elle consiste en ceci qu'à l'inverse d'autres artistes, peut-être par orgueil, il ne veut souiller ses lèvres d'aucun mensonge, qu'il refuse certaines bénédictions importunes qu'on ne peut jamais accepter sans commettre une action équivoque et rien moins que magnanime. La religion véritable de Meyerbeer est celle de Mozart, de Gluck, de Beethoven, c'est la musique ; il ne croit qu'à celle-là, c'est dans cette foi seule qu'il trouve son bonheur, et il vit avec une conviction qui est égale en profondeur, en passion et en durée, à celle des siècles antérieurs. Oui, je dirais volontiers qu'il est apôtre de cette religion. C'est avec un zèle et une ardeur apostoliques qu'il traite tout ce qui concerne sa musique. Tandis que d'autres artistes sont satisfaits, quand ils ont créé quelque chose de beau, et perdent parfois tout intérêt pour leur œuvre aussitôt qu'elle est achevée, chez Meyerbeer, c'est, au contraire, après l'enfantement que commencent seulement les maux d'enfant ; il n'a plus de repos alors jusqu'à ce que la création de son esprit se manifeste avec éclat au reste des hommes, jusqu'à ce que le public tout entier soit édifié par sa musique, que ses opéras aient versé dans tous les cœurs les sentiments qu'il veut prêcher au monde, qu'il ait enfin communié avec toute l'humanité. De même que l'apôtre, pour sauver une seule âme perdue, ne craint ni peines ni douleur, Meyerbeer aussi, s'il apprend que quelqu'un renie sa musique, circonviendra infatigablement ce renégat jusqu'à ce qu'il l'ait converti à lui ; et ce seul agneau sauvé, fût-ce même le plus insignifiant insecte de feuilleton, lui deviendra plus cher que tout le troupeau de croyants qui l'ont toujours vénéré avec une fidélité orthodoxe.

La musique est la conviction de Meyerbeer, et c'est là peut-être la cause de toutes ces inquiétudes, de tous ces tourments, que le grand maître laisse si souvent deviner, et qui parfois nous font sourire. Il faut le voir quand il fait étudier un nouvel opéra : il est alors le fléau de tous les musiciens et chanteurs qu'il accable de répétitions incessantes. Jamais il ne peut se dire satisfait ; un seul faux ton dans l'orchestre est pour lui un coup de poignard dont il pense mourir. Cette inquiétude le poursuit longtemps, quand son opéra a déjà été représenté et accueilli par une tempête d'applaudissements. Il continue alors à se tourmenter, et je crois qu'il ne sera pas tranquille avant que quelques-uns des milliers d'hommes qui ont entendu et admiré son opéra soient morts et enterrés ; de ceux-là du moins il n'a pas d'apostasie à craindre, il peut être sûr de ces âmes. Le jour où l'on donne son opéra, le bon Dieu ne peut rien faire à sa guise : s'il pleut, s'il fait froid, il craint que Mlle Falcon ne s'enrhume ; si la soirée est chaude et sereine, il tremble que le beau temps n'attire les gens au grand air, et que le théâtre ne soit désert. Rien n'est comparable à l'anxiété avec laquelle, quand sa musique est enfin imprimée, il en soigne la correction ; cet infatigable besoin d'amélioration pendant la correction des épreuves est devenu proverbial chez les artistes parisiens. Mais qu'on songe que la musique lui est chère pardessus tout, plus chère assurément que la vie. Quand le choléra commença à sévir dans Paris, je conjurai Meyerbeer de partir aussi vite que possible ; mais il avait encore pour quelques jours des affaires qu'il ne pouvait abandonner : il devait arranger avec un Italien le *libretto* italien de *Robert le Diable.*

Bien plus encore que *Robert le Diable*, *Les Huguenots* sont une œuvre de conviction aussi bien pour le contenu que pour la forme. Comme je l'ai déjà remarqué, tandis que la foule est entraînée par le contenu, l'observateur attentif admire les immenses progrès de l'art, les formes nouvelles qui apparaissent ici. De l'aveu des juges les plus compétents, il faut que désormais tous les musiciens qui veulent écrire pour l'opéra étudient préalablement *Les Huguenots*. C'est dans l'instrumentation que Meyerbeer est allé le plus loin. Il y a quelque chose d'inouï dans la manière dont sont traités les chœurs, qui s'expriment ici comme des individus, et sont affranchis de toutes les traditions d'opéra. Depuis le *Don Juan*, il n'y a certainement pas de plus grand phénomène en musique que ce quatrième acte des *Huguenots*, où la scène effrayamment émouvante de la bénédiction des épées (la consécration du meurtre) est suivie d'un duo qui dépasse encore ce premier effet – témérité colossale dont on croirait à peine capable ce génie anxieux, mais dont le succès excite autant de ravissement que de surprise. Pour ce qui me concerne, je crois que Meyerbeer a accompli cette tâche non pas par des moyens d'art, mais par des moyens de nature, puisque ce fameux duo exprime une série de sentiments qui peut-être ne se sont jamais produits, ou du moins jamais avec autant de vérité dans un opéra, et auxquels répondent pourtant dans les âmes les sympathies les plus ardentes, les plus fougueuses de notre temps. Pour moi, j'avoue que jamais musique n'a fait battre aussi impétueusement mon cœur que le quatrième acte des *Huguenots*, mais que je me dérobe volontiers à cet acte et à ses émotions, et que j'assiste avec infiniment plus de plaisir au deuxième. Celui-ci est une idylle dont le charme et la grâce rappellent les comédies romantiques de Shakespeare, et plus encore peut-être l'Aminte du Tasse. En effet, sous les roses du plaisir, se cache ici une douce tristesse qui fait songer à l'infortuné poète de la cour de Ferrare. C'est plutôt le désir de la joie que la joie même ; ce n'est pas un rire cordial, c'est un sourire du cœur, d'un cœur qui est secrètement malade, et ne peut rêver de la santé. Comment se fait-il qu'un artiste à qui, depuis le berceau, ont été épargnés tous les soucis qui dévorent la vie, qui, né dans l'opulence, choyé par toute sa famille, voyant tous ses désirs satisfaits avec empressement, avec enthousiasme même, semblait privilégié pour le bonheur bien plus que ne le fut jamais un artiste mortel – comment se fait-il qu'il ait ressenti ces immenses douleurs que nous entendons soupirer et sangloter dans sa musique ? Car ce qu'il ne ressent pas lui-même, le musicien ne saurait le rendre avec tant de puissance et d'émotion. Il est étrange que l'artiste dont les besoins matériels sont satisfaits soit visité d'une manière d'autant plus insupportable par les angoisses morales ! Mais c'est un bonheur pour le public, qui est redevable aux douleurs de ses joies les plus idéales. L'artiste est cet enfant dont un conte populaire rapporte que ses larmes n'étaient que des perles. Hélas ! la méchante marâtre, c'est-à-dire la vie, frappe le pauvre enfant d'une façon d'autant plus impitoyable afin qu'il pleure autant de perles que possible !

On a voulu accuser *Les Huguenots*, plus encore que *Robert le Diable*, de manquer de mélodies. Ce reproche repose sur une erreur. “C'est la forêt qui empêche de voir les arbres.” La mélodie est ici subordonnée à l'harmonie, et déjà, à propos d'une comparaison avec la musique de Rossini dans laquelle l'inverse a lieu, j'ai indiqué que c'est cette prédominance de l'harmonie qui caractérise la musique de Meyerbeer comme la musique émue de l'humanité et de la société modernes. Vraiment, les mélodies ne manquent pas ; seulement, il ne leur est pas permis de ressortir brusquement, j'allais dire égoïstement ; il faut qu'elles ne fassent que servir à l'ensemble ; elles sont disciplinées, tandis que, chez les Italiens, elles apparaissent isolées, je pourrais presque dire hors la loi, et s'imposent à peu près comme leurs illustres bandits. On ne le remarque seulement pas ; mais que de simples soldats, dans une grande bataille, se battent aussi bien que le Calabrais, le bandit solitaire, dont la bravoure personnelle nous surprendrait moins s'il combattait à son rang, au milieu de troupes régulières ! Dieu me garde de contester la valeur d'une certaine prédominance de la mélodie, mais je dois remarquer qu'un de ses résultats en Italie est cette indifférence pour l'ensemble de l'opéra, pour l'opéra comme œuvre d'art formant un tout achevé, indifférence qui s'affiche si naïvement, que, dans les loges, pendant qu'on ne chante pas des airs de bravoure, on reçoit, on cause, si même on ne joue pas aux cartes.

La prédominance de l'harmonie dans les créations de Meyerbeer est peut-être une conséquence nécessaire de l'étendue de sa culture, qui embrasse le monde de la pensée et celui des phénomènes. Des trésors ont été prodigués pour son éducation, et il avait un esprit capable de tout apprendre ; il fut initié de bonne heure dans toutes les sciences, et se distingue encore par là de la plupart des musiciens dont la brillante ignorance est en quelque façon pardonnable, puisqu'ils ont manqué pour la plupart du temps et des moyens d'acquérir des connaissances en dehors de leur art. Ce qu'il apprit devint nature chez Meyerbeer, et l'école du monde lui donna le plus haut développement ; il appartient à ce petit nombre d'Allemands que la France elle-même a reconnus comme des maîtres d'urbanité. Une culture aussi haute était peut-être nécessaire pour rassembler et façonner d'une main sûre le matériel nécessaire à la création des *Huguenots.* Mais ce qui a été gagné pour l'étendue de la conception et la clarté de l'ensemble n'a-t-il point été perdu à d'autres points de vue ? C'est une question. La culture détruit chez l'artiste cette accentuation franche, ces couleurs tranchées, cette originalité dans les pensées, cette spontanéité immédiate dans les sentiments, qu'on admire dans les natures rudement circonscrites et demeurées incultes.

Somme toute, la culture se paye toujours chèrement, et la petite Bianca Meyerbeer a raison. Cette enfant de huit ans envie l'oisiveté des petits garçons et des petites filles qu'elle voit jouer dans la rue, et elle disait récemment : "Quel malheur que j'aie des parents cultivés ! Du matin jusqu'au soir, il faut que j'apprenne par cœur toute espèce de choses, et que je reste assise, et que je sois docile, tandis que là-bas les enfants non cultivés courent librement tout le jour, et peuvent au moins s'amuser !"

III

4 février 1838

A part Meyerbeer, l'Académie royale de musique possède peu de compositeurs dont il vaille la peine de parler avec détail. Et pourtant l'opéra français n'a jamais été plus prospère, ou, pour parler plus exactement, n'a jamais fait de meilleures recettes. Cette ère de prospérité commença il y a six ans sous la direction du célèbre M. Véron, dont les principes ont été appliqués depuis avec le même succès par le nouveau directeur, M. Duponchel. Je dis principes, car, par le fait, M. Véron avait des principes, résultat de ses réflexions sur l'art et la science, et, de même que, comme apothicaire, il a découvert une mixture excellente contre la toux, il a inventé, comme directeur de l'Opéra, un préservatif contre la musique. Il avait, en effet, remarqué sur lui-même qu'un spectacle de Franconi lui faisait plus de plaisir que le meilleur opéra ; il se convainquit que la plus grande partie du public était animée du même sentiment, que la plupart des gens allaient par convenance au Grand Opéra, et ne s'y amusaient, d'ailleurs, que quand de belles décorations, les costumes, la danse, absorbaient tellement leur attention, qu'ils n'entendaient absolument rien de la fatale musique. Le grand Véron en vint ainsi à cette pensée géniale de satisfaire à un si haut degré les yeux des spectateurs, que la musique ne pût les gêner en rien, et qu'ils trouvassent à l'Opéra le même plaisir que chez Franconi. Le grand Véron et le grand public se comprirent ; l'un sut rendre la musique innocente, et ne donna, sous le titre d'opéras, que des pièces de parade et à spectacle ; l'autre, le public, put aller au Grand Opéra avec ses filles et ses épouses, comme cela convient à des gens bien élevés, mais sans être obligé de périr d'ennui. L'Amérique était découverte, l'œuf se tenait sur la pointe, l'Opéra se remplissait chaque jour, Franconi était débordé et faisait banqueroute, et M. Véron, depuis lors, est un homme riche. Le nom de Véron vivra éternellement dans les annales de la musique ; il a embelli le temple de la déesse, mais la déesse elle-même a été mise à la porte. Rien n'égale le luxe qui a pris le dessus au Grand Opéra, devenu le paradis des gens à l'oreille dure.

Le directeur actuel suit les principes de son devancier, bien qu'il offre l'antithèse la plus tranchée et la plus divertissante avec la personnalité de celui-ci. Avez-vous jamais vu M. Véron ? Au *Café de Paris* ou sur le boulevard de Coblence, il a dû vous arriver parfois de rencontrer cette grasse figure de caricature, le chapeau sur le côté, tout ensevelie dans une énorme cravate blanche dont les cols arrivent jusque par-dessus les oreilles, si bien que le visage rouge et réjoui, avec ses petits yeux clignotants, apparaît à peine. Dans le sentiment de sa connaissance des hommes et de son succès, il se balance si complaisamment, avec une aisance si insolente, entouré d'une suite de jeunes dandys de la littérature (quelquefois un peu vieillots) qu'il régale volontiers de vin de Champagne ou de belles figurantes ! C'est le dieu du matérialisme, et son regard, qui se raille de l'esprit, m'est souvent entré dans le cœur comme une lame d'acier, quand je le rencontrais.

M. Duponchel est un homme maigre, d'un jaune pâle, avec un air sinon noble, du moins distingué, toujours triste, une figure d'enterrement, et quelqu'un l'a très bien nommé "un deuil perpétuel". A le voir, on le prendrait plutôt pour l'inspecteur du Père-Lachaise que pour le directeur du Grand Opéra. Il me rappelle toujours le mélancolique fou du roi Louis XIII. Ce chevalier de la triste figure est aujourd'hui le "maître de plaisir" des Parisiens, et je voudrais parfois l'observer quand, seul dans sa demeure, il songe aux nouvelles bouffonneries par lesquelles il pourrait égayer son souverain, le public français, ou que, secouant tristement la tête dans sa douloureuse folie, il saisit le livre rouge pour voir si la Taglioni…

Vous me regardez avec surprise ? Oui, c'est un curieux livre dont il serait très difficile d'expliquer avec bienséance la signification. Je ne puis ici me faire comprendre que par analogie. Savez-vous ce que c'est que le rhume des cantatrices ? Je vous entends soupirer, et vous songez au temps de martyre où vous étiez directeur de théâtre : la dernière répétition est passée, l'opéra est déjà annoncé pour le soir, quand arrive tout à coup la *prima donna* qui déclare qu'elle ne peut chanter, parce qu'elle est enrhumée. Il n'y a rien à faire ; un regard vers le ciel, un long regard douloureux, et l'on imprime une nouvelle affiche pour annoncer à l'honorable public que la représentation de *La Vestale** ne peut avoir lieu, à cause d'une indisposition de Mlle Schnaps, et qu'on représentera en échange *Rochus Pumpernickel*. Mais il ne servait de rien aux danseuses de prétexter un rhume qui ne les empêchait pas de danser, et, pendant longtemps, elles portèrent envie aux cantatrices pour cette invention rhumatique au moyen de laquelle celles-ci pouvaient en tout temps se donner à elles-mêmes une soirée de vacances, et procurer à leur ennemi, le directeur du théâtre, une journée d'ennuis. Elles demandèrent donc au bon Dieu le même droit de tourmenter leur monde, et celui-ci, ami du ballet comme tous les monarques, les dota d'une indisposition, innocente en elle-même, mais qui pourtant les empêche de pirouetter en public, et que, d'après l'analogie de "thé dansant", nous pourrions nommer le rhume dansant. De la sorte, quand une danseuse ne veut point paraître en scène, elle a sous la main un prétexte tout aussi irréfutable que la plus grande cantatrice. L'ancien directeur du Grand Opéra se donnait souvent à tous les diables quand

* Opéra de Spontini (1807).

*La Sylphide** devait être représentée, et que la Taglioni lui faisait savoir qu'elle ne pouvait mettre ce jour-là ni ailes ni maillot, et qu'elle ne se montrerait pas sur les planches parce qu'elle avait le rhume dansant... Le grand Véron, à sa façon, découvrit que le rhume dansant se distinguait du rhume chantant des cantatrices, par une certaine régularité, et qu'on pouvait chaque fois le prévoir longtemps d'avance ; car le bon Dieu, amateur de l'ordre comme il l'est, avait donné aux danseuses un malaise qui est en relation avec les lois de l'astronomie, de la physique, de l'hydraulique, bref de l'univers tout entier, et qui, par conséquent, est calculable ; le rhume des cantatrices, en revanche, est une invention particulière, une invention de caprice féminin, incalculable par conséquent. La supputation de ce retour périodique du rhume dansant étant ainsi possible, le grand Véron chercha une ressource contre les vexations des danseuses, et, chaque fois que l'une d'elles en était atteinte, la date du fait fut exactement inscrite sur un livre à part, et c'est là le livre rouge que M. Duponchel tenait dans ses mains, et dans lequel il pouvait calculer quel jour la Taglioni... Ce livre qui caractérise l'esprit inventif, et, en général, l'esprit de l'ancien directeur de l'Opéra, est assurément d'une utilité pratique.

Les remarques qui précèdent vous auront fait comprendre la valeur actuelle du Grand Opéra

* Ballet sur un argument de Charles Nuitter, d'après Charles Nodier, musique de Schneitzhöffer (1832).

français. Il s'est réconcilié avec les ennemis de la musique, et, de même qu'aux Tuileries, la bourgeoisie aisée a pénétré aussi à l'Académie de musique tandis que la société distinguée quitte la place. La belle aristocratie, cette élite qui se distingue par le rang, l'éducation, la naissance, la *fashion* et le loisir, s'est réfugiée à l'Opéra-Italien, oasis musicale où les grands rossignols de l'art roulent encore leurs trilles, où ruissellent encore les sources enchantées de la mélodie, où les palmiers de beauté donnent encore, avec leur orgueilleux éventail, le signal des applaudissements, tandis que tout autour s'étend un pâle désert de sable, le Sahara de la musique. Çà et là seulement quelques bons concerts surgissent parfois dans ce désert, et rafraîchissent tout à coup l'amateur de musique. Ainsi cet hiver, les dimanches du Conservatoire, quelques soirées particulières à la rue de Bondy, et surtout les concerts de Berlioz et de Liszt. Ces deux derniers sont bien les phénomènes les plus remarquables du monde musical parisien ; je dis les plus remarquables, et non pas les plus beaux, ni les plus agréables. De Berlioz, nous aurons bientôt un opéra. Le sujet est un épisode de la vie de Benvenuto Cellini, la fonte du *Persée*. On s'attend à quelque chose d'extraordinaire, car ce compositeur a fait déjà de l'extraordinaire. Sa direction d'esprit est le fantastique, uni non pas au sentiment, mais bien à la sentimentalité : il a de grandes analogies avec Callot, Gozzi et Hoffmann. C'est ce qu'indique déjà son apparence extérieure. Quel dommage qu'il ait fait tailler sa chevelure immense, antédiluvienne, ces cheveux hérissés qui se dressaient sur son front comme une forêt sur quelque paroi de rochers escarpés ! c'est ainsi que je le vis, la première fois, il y a six ans, et tel il restera toujours dans mon souvenir. C'était au Conservatoire de musique, et l'on donnait de lui une grande symphonie, bizarre morceau nocturne, illuminé parfois seulement par une robe de femme, sentimentalement blanche, qui flottait çà et là – ou par un éclair d'ironie, jaune de soufre. Ce qu'il y a là de meilleur, c'est un sabbat de sorcières, où le diable dit la messe, où la musique d'église est parodiée avec la bouffonnerie la plus terrible et la plus sanglante. C'est une farce où toutes les vipères cachées, que nous portons dans le cœur, se dressent en sifflant joyeusement. Mon voisin de loge, un jeune homme communicatif, me montra le compositeur qui se tenait à l'extrémité de la salle, dans un coin de l'orchestre, et jouait de la timbale ; car la timbale est son instrument. "Voyez-vous à l'avant-scène, me dit mon voisin, cette grosse Anglaise ? C'est Miss Smithson* ; voilà trois ans que M. Berlioz est amoureux de cette dame à en mourir, et c'est à cette passion que nous devons la symphonie sauvage que vous entendez aujourd'hui." Effectivement, dans une

* Harriet Smithson, actrice anglaise qui connut un moment de gloire en incarnant les héroïnes de Shakespeare. Berlioz tomba éperdument amoureux de son Ophélie, en fit la femme aimée de sa *Symphonie fantastique* (1830) dont il est question ici, et finit par l'épouser.

loge d'avant-scène, était assise l'actrice célèbre de Covent Garden ; Berlioz ne cessait d'avoir les yeux fixés sur elle, et, chaque fois que son regard rencontrait le sien, il frappait sa timbale comme un furieux. Depuis lors, Miss Smithson est devenue Mme Berlioz, et c'est depuis lors aussi que son mari s'est fait couper les cheveux. Lorsque cet hiver, au Conservatoire, j'entendis de nouveau sa symphonie, il était toujours assis comme joueur de timbale à l'arrière-plan de l'orchestre, la grosse Anglaise était encore à l'avant-scène, leurs regards se rencontraient encore… mais il ne frappait plus sa timbale avec autant de fureur.

Liszt est le musicien qui a le plus d'affinités électives avec Berlioz, et c'est aussi lui qui exécute le mieux sa musique. Je n'ai pas besoin de vous parler de son talent ; sa gloire est européenne. C'est incontestablement l'artiste qui possède à Paris les enthousiastes les plus absolus, mais aussi les adversaires les plus ardents. C'est un signe considérable que personne ne parle de lui avec indifférence. Dans ce monde, sans avoir une valeur positive, on ne peut éveiller ni passions favorables, ni passions hostiles. Il faut du feu pour enflammer les hommes, aussi bien pour l'amour que pour la haine. Ce qui témoigne le plus en faveur de Liszt, c'est la pleine estime avec laquelle ses adversaires mêmes reconnaissent sa valeur personnelle. C'est un homme d'un caractère mal fait, mais noble, désintéressé et sans fraude. Ses tendances d'esprit sont des plus remarquables ; il a de grandes aptitudes pour la spéculation, et, plus encore que les intérêts de son art, ce qui l'intéresse, ce sont les investigations des écoles diverses qui s'occupent à résoudre la grande question qui embrasse ciel et terre. Longtemps il a été un fervent sectateur de la belle doctrine saint-simonienne ; plus tard, les pensées spiritualistes ou plutôt vaporeuses de Ballanche l'ont enveloppé de leurs brouillards ; aujourd'hui, ce qui l'exalte, ce sont les dogmes républicains-catholiques d'un Lamennais qui a planté sur la croix le bonnet de jacobin… Le ciel sait où se trouve maintenant son futur dada. Mais cette infatigable ardeur après la lumière et la divinité reste toujours digne d'éloge, et témoigne de son sens pour la sainteté, pour la religion. Qu'une tête aussi inquiète, confusément entraînée çà et là par toutes les souffrances et toutes les doctrines du temps, qui sent le devoir de se préoccuper de tous les besoins de l'humanité, et met volontiers le nez dans tous les pots où le bon Dieu cuisine l'avenir ; que Franz Liszt ne soit pas un paisible joueur de piano pour de tranquilles bourgeois et de sensibles bonnets de nuit, cela va de soi. Quand il s'assied au piano, et, après avoir rejeté ses cheveux en arrière, commence à improviser, alors il arrive souvent qu'il se précipite trop follement sur les touches d'ivoire, et l'on entend retentir comme une forêt vierge de pensées hautes comme le ciel, où çà et là les plus douces fleurs répandent leurs parfums ; de sorte qu'on est tout ensemble angoissé et ravi, mais pourtant surtout angoissé.

Je vous l'avoue, quelque vivement que j'aime Liszt, sa musique n'agit pourtant point agréablement sur mon âme, d'autant plus que je suis un enfant du dimanche, et que je vois les spectres que d'autres gens ne font qu'entendre, puisque, comme vous le savez, à chaque son que la main tire du clavier la figure correspondante s'élève aussi dans mon esprit, bref, puisque la musique est visible à mon œil intérieur. Mon cerveau tremble encore au souvenir de la soirée où j'entendis Liszt la dernière fois. C'était au concert pour les Italiens malheureux, dans l'hôtel de cette belle, noble et souffrante princesse qui représente si bien la patrie de son corps et celle de son esprit, l'Italie et le ciel... Je ne sais plus ce que Liszt joua, mais je jurerais qu'il varia quelque thème de l'Apocalypse. D'abord je ne pus pas les voir tout à fait distinctement, les quatre animaux mystiques ; je n'entendais que leurs voix, surtout le rugissement du lion et le cri perçant de l'aigle. Je vis parfaitement le bœuf avec le livre dans la main. Ce qu'il joua le mieux, c'est la vallée de Josaphat. Il y avait des barrières comme dans un tournoi, et, comme spectateurs, se pressaient autour de l'immense enceinte les peuples ressuscités, tremblants, et la pâleur du sépulcre au front. D'abord Satan galopa dans la lice, avec une armure noire, monté sur un cheval blanc comme du lait. Lentement, derrière lui, chevauchait la Mort sur son cheval pâle. Enfin parut Christ en armure d'or sur un cheval noir, et, avec sa sainte lance, il terrassa d'abord Satan, puis ensuite la Mort, et les spectateurs poussèrent des cris de joie... Une tempête d'applaudissements accueillit le jeu du vaillant

Liszt, qui, épuisé, quitta le piano, s'inclina devant les dames… Sur les lèvres de la plus belle se montra ce doux sourire mélancolique qui rappelle l'Italie, et fait pressentir le ciel.

Ce même concert eut encore pour le public une autre sorte d'intérêt. Vous savez à satiété par les journaux quelle triste mésintelligence règne entre Liszt et le pianiste Thalberg de Vienne, quel bruit a fait dans le monde musical un article de Liszt contre Thalberg, et quel rôle les inimitiés cachées ont joué là-dedans, au détriment de l'un comme de l'autre. Dans la plus grande fleur de ces froissements scandaleux, les deux héros du jour résolurent de se faire entendre, l'un après l'autre, dans le même concert. Tous deux mirent de côté, au profit d'une œuvre de bienfaisance, leur sentiment personnel blessé, et le public auquel ils donnaient ainsi moyen de reconnaître et d'apprécier, par une comparaison instantanée, leurs diversités particulières, leur accorda généreusement l'approbation méritée.

Il suffit de comparer une fois leur caractère musical pour se convaincre qu'il y a autant de malice cachée que de petitesse à vouloir élever l'un aux dépens de l'autre. Leur virtuosité technique est égale et, pour ce qui concerne leur caractère spirituel, on ne saurait imaginer de contraste plus heurté que celui de l'Autrichien Thalberg, avec son noble cœur, pacifique et sage – en face du sauvage Liszt, tout sillonné d'éclairs volcaniques, et prêt à escalader le ciel.

La comparaison entre deux virtuoses repose d'ordinaire sur une erreur qui a fleuri aussi dans l'art poétique, c'est-à-dire sur le principe de la difficulté vaincue. Mais, depuis qu'on s'est aperçu que la forme métrique a une tout autre importance que de montrer l'habileté du poète à manier la langue, et que nous n'admirons pas un beau vers parce qu'il a coûté beaucoup plus de peine, on s'apercevra bientôt qu'il suffit qu'un musicien puisse communiquer par son instrument tout ce qu'il sent et pense, ou ce que d'autres ont senti et pensé, et que tous les tours de force des virtuoses, qui ne témoignent que de difficultés vaincues, doivent être proscrits comme un bruit inutile, et relégués dans le domaine des joueurs de gobelet, des faiseurs d'estoc, des avaleurs de sabre, et des danseurs de corde. C'est assez pour le musicien qu'il soit complètement maître de son instrument, que l'on oublie tout à fait les moyens matériels dont il se sert, et que l'esprit seul se fasse entendre. En général, depuis que Kalkbrenner a poussé l'art du jeu à sa plus haute perfection, les pianistes devraient ne pas s'en faire trop accroire pour leur dextérité technique. Il n'y a que l'infatuation et la méchanceté qui puissent parler pédantesquement d'une révolution que Thalberg aurait accomplie sur son instrument. On a rendu un mauvais service à ce grand et excellent artiste lorsque, au lieu de vanter la beauté juvénile, la tendresse et le charme de son jeu, on l'a représenté comme un Colomb qui a découvert l'Amérique sur son piano, tandis que les autres avaient dû se fatiguer jusqu'ici à jouer tout autour du cap de Bonne-Espérance quand ils voulaient régaler le public avec des épiceries musicales. Comme Kalkbrenner a dû rire, quand il a entendu parler de la nouvelle découverte !

Il y aurait injustice de ma part à ne pas mentionner, à cette occasion, un pianiste qui est aujourd'hui, avec Liszt, le plus fêté de tous. C'est Chopin, qui ne brille pas seulement comme virtuose par la perfection technique, mais qui, comme compositeur, atteint aussi les plus hauts sommets. C'est un homme de premier ordre. Chopin est le favori de cette élite qui cherche dans la musique les plus hautes jouissances de l'esprit. Sa gloire est d'espèce aristocratique, parfumée des louanges de la bonne société, distinguée comme sa personne.

Chopin est né en Pologne de parents français et a reçu une partie de son éducation en Allemagne. Les influences de ces trois nationalités donnent à sa personne quelque chose de singulièrement remarquable ; il s'est approprié, en effet, tout ce qui distingue en bien ces trois peuples : la Pologne lui a donné son sens chevaleresque et sa douleur historique, la France sa grâce légère et son charme, l'Allemagne sa profondeur romantique… Mais la nature lui a donné une taille élancée, un peu frêle, le plus noble cœur, et le génie. Oui, il faut accorder à Chopin le génie dans toute la signification du mot. Il n'est pas seulement virtuose, il est aussi poète, il peut nous donner la perception de la poésie qui vit dans son âme, il est compositeur, et rien ne ressemble à la jouissance qu'il nous procure, quand il s'assied à son piano et qu'il improvise.

Il n'est alors ni polonais, ni français, ni allemand ; il trahit une origine bien plus haute, il descend du pays de Mozart, de Raphaël, de Goethe : sa vraie patrie est le royaume enchanté de la poésie. Quand il est assis au piano et qu'il improvise, il me semble qu'un compatriote arrive pour me visiter de notre pays bien-aimé et me raconte les plus curieuses choses qui se sont passées là-bas pendant mon absence... Parfois je voudrais l'interrompre par une question : "Et comment va la belle ondine qui savait attacher si coquettement son voile d'argent autour de ses boucles vertes ? Le vieux dieu de la mer à la barbe blanche la poursuit-il toujours de son fol amour suranné ? Les roses chez nous sont-elles toujours enflammées d'orgueil ? Les arbres chantent-ils toujours d'aussi beaux chants au clair de lune ?..."

Hélas ! il y a longtemps déjà que je vis à l'étranger, et, avec mon fabuleux mal du pays, je m'apparais parfois à moi-même comme le Hollandais volant et ses compagnons de vaisseau éternellement balancés sur les vagues, et qui soupirent inutilement après les quais paisibles, les tulipes, les *myfrowen**, les pipes de terre, et les tasses de porcelaine

* Le néerlandais de Heine est assez fantaisiste : il semble transcrit d'oreille par un Allemand. Il faut donc lire *myn vrouwen*, littéralement "mes dames". Il veut dire tout simplement "les dames", mais l'expression ne peut s'employer de cette façon. Pour un Néerlandais, cela sonnerait comme "mes femmes" et ne pourrait se trouver que dans la bouche d'un polygame baragouinant.

de Hollande… "Amsterdam ! Amsterdam ! quand reviendrons-nous à Amsterdam ?" soupirent-ils dans la tempête, tandis que les vents mugissants les roulent incessamment çà et là sur les vagues maudites de leur enfer aquatique. Je comprends bien la douleur avec laquelle le capitaine du navire maudit s'écria un jour : "Si jamais je reviens à Amsterdam, j'aime mieux y être une pierre, au coin d'une rue, que de quitter encore une fois la ville !" Pauvre Vanderdecken !

J'espère, très cher ami, que ces lettres vous trouveront dispos et gai, voyant la vie en rose tout autour de vous, et qu'il ne m'adviendra pas comme au Hollandais volant dont les lettres étaient d'ordinaire adressées à des personnes qui, pendant son absence, étaient mortes depuis longtemps au pays. – Hélas ! combien de ceux que j'aimais s'en sont allés, pendant que mon esquif était ballotté de tous côtés par les plus fatales tempêtes ! Le vertige me prend, et je crois que les étoiles ne tiennent plus fermes au ciel et se meuvent en cercles passionnés. Je ferme les yeux, et alors des rêves insensés me saisissent de leurs longs bras et m'entraînent dans des contrées fabuleuses et des angoisses cruelles… Vous n'avez pas idée, cher ami, combien sont étranges et merveilleusement invraisemblables les paysages que je vois en rêve, et quelles douleurs horribles me tourmentent jusque dans mon sommeil…

La nuit dernière, je me trouvais dans un dôme immense. Il y régnait un demi-jour crépusculaire… Seulement, dans les espaces les plus élevés, le long des galeries que supportait le premier rang de piliers, passaient les torches vacillantes d'une procession : enfants de chœur en vêtements rouges, portant des cierges et des bannières d'église, puis des moines au froc sombre et des prêtres en chasuble bigarrée. Et la procession se mouvait d'une façon étrange et terrible dans ces hauteurs, le long de la coupole, mais peu à peu descendait, descendait – tandis que moi, dans le fond, l'infortunée femme à mon bras, je me réfugiais çà et là dans la nef de l'église. Je ne sais plus ce qui nous épouvantait : nous fuyions tout palpitants d'angoisse, cherchant parfois à nous cacher derrière un des piliers géants, mais en vain, et nous fuyions avec toujours plus d'effroi, car la procession, descendant les escaliers en spirale, s'approchait de nous... C'était un chant inexprimablement douloureux, et, ce qu'il y avait de plus mystérieux encore, en tête marchait une grande femme pâle, qui n'était plus jeune, mais qui portait encore sur son visage les traces d'une grande beauté, et se dirigeait vers nous à pas mesurés, presque comme une danseuse d'opéra. Elle portait dans ses mains un bouquet de fleurs noires, qu'elle nous présenta avec un geste théâtral, tandis qu'une douleur vraie, immense, semblait pleurer dans ses grands yeux brillants... Puis tout à coup la scène changea, et, au lieu d'un dôme obscur, nous nous trouvâmes dans une contrée sauvage où les montagnes se mouraient, et, comme des hommes, prenaient toutes sortes de poses, et où les arbres, couverts de feuilles rouges comme des flammes, semblaient brûler et brûlaient en réalité… Puis, lorsque les montagnes, après les mouvements les plus insensés, se furent complètement aplanies, les arbres peu à peu cessèrent de brûler et tombèrent en cendre… Et enfin je me trouvai tout à fait seul dans une vaste plaine désolée : sous mes pieds rien qu'un sable jaune, au-dessus de moi rien qu'un ciel morne et pâle. J'étais seul. Ma compagne avait disparu, et, tandis que je la cherchais avec angoisse, je trouvai dans le sable une statue de femme admirablement belle, mais les bras brisés comme ceux de la *Vénus* de Milo, et le marbre, à mainte place, tristement dégradé. Je le considérais douloureusement quand arriva un cavalier sur sa monture. C'était un grand oiseau, une autruche montée sur un chameau, chose plaisante à voir. Il fit halte aussi devant la statue, et nous nous entretînmes longtemps sur l'art. "Qu'est-ce que l'art ?" demandai-je. Et il me répondit : "Demandez-le au grand sphinx de pierre qui rumine accroupi à l'entrée du musée de Paris."

Cher ami, ne riez pas de mes visions nocturnes. Ou bien auriez-vous aussi contre les songes le préjugé général ?

Demain, je pars pour Paris. Adieu !

IV

12 juin 1840

Le chevalier de Spontini bombarde dans ce moment les pauvres Parisiens avec ses lettres lithographiées, pour rappeler à tout prix au public sa personne oubliée. J'ai sous les yeux une circulaire adressée par lui à tous les rédacteurs de journaux, et que personne ne veut imprimer par respect pour le bon sens, et par égard pour l'ancien renom de Spontini. L'impuissance, qui dans ces missives s'exprime ou plutôt évacue sa bile dans le style le plus baroque, est une chose aussi curieuse pour le médecin que pour le philologue. Le premier y remarque le triste phénomène d'une vanité qui s'enflamme toujours plus furieusement dans le cœur, à mesure que les forces généreuses de l'esprit s'y éteignent ; mais le second, le philologue, voit quel plaisant jargon se forme quand un Italien pur sang qui avait appris à grand-peine un peu de français en France, s'est appliqué à perfectionner son soi-disant français pendant un séjour de vingt-cinq ans à Berlin, où l'ancien baragouin franco-italien du pauvre *maestro* s'est émaillé des plus bouffons barbarismes sarmatiques. La circulaire est datée du mois de février, mais elle a été encore une fois envoyée ici dernièrement, parce que le *signor* Spontini venait d'apprendre qu'on voulait de nouveau représenter à Paris son célèbre ouvrage. Il ne voit qu'un piège dans cette intention – piège dont il veut profiter pour être appelé ici. Car après avoir déclamé pathétiquement contre ses ennemis, il ajoute : "Et voilà justement le nouveau piège que je crois avoir deviné, et ce qui me fait un impérieux devoir de m'opposer, me trouvant absent, à la remise en scène de mes opéras sur le théâtre de l'Académie royale de musique, à moins que je ne sois officiellement engagé moi-même par l'administration, *sous la garantie du ministère de l'Intérieur*, à me rendre à Paris, pour aider de mes conseils créateurs les artistes (la tradition de mes opéras étant perdue), pour assister aux répétitions et contribuer au succès de *La Vestale*, puisque c'est d'elle qu'il s'agit." C'est encore le seul endroit dans ces marais spontiniens, où le sol soit ferme ; la ruse montre ici le bout de ses longues oreilles qui ne sont pas précisément celles du renard. Cet homme veut absolument quitter Berlin, où il ne peut plus tenir depuis qu'on y donne les opéras de Meyerbeer. Déjà il y a un an, il vint pour quelques semaines à Paris, et courut du matin au soir chez toutes les personnes influentes, pour briguer l'honneur d'être appelé en cette ville. Comme la plupart des Parisiens le croyaient mort depuis longtemps, ils ne s'effrayèrent pas peu de sa soudaine apparition. L'agilité astucieuse de ce fantôme, de ce méchant spectre, avait en effet quelque chose d'effrayant et de fantastique. M. Duponchel, le directeur du Grand Opéra, ne le reçut pas du tout, et s'écria avec terreur : "Dieu me préserve de cette momie intrigante ; j'ai déjà assez à souffrir des intrigues des vivants !" Et cependant M. Maurice Schlesinger, l'éditeur des opéras de Meyerbeer – car c'est par cette âme honnête et sincère que le chevalier de Spontini fit annoncer d'avance sa visite à M. Duponchel –, avait mis en œuvre toute son éloquence cicéronienne pour procurer un bon accueil à son client. Dans le choix de cet intermédiaire, M. Spontini fit preuve de toute sa sagacité. Il la fit voir aussi dans d'autres occasions ; par exemple, quand il parlait mal de quelqu'un, il le faisait ordinairement chez les amis les plus intimes de la personne vilipendée. Il racontait aux écrivains français qu'à Berlin il avait fait emprisonner pour six mois un écrivain allemand qui avait écrit contre lui. Auprès des cantatrices françaises, il se plaignait des cantatrices allemandes qui n'avaient pas voulu s'engager à l'Opéra de Berlin, à moins qu'on ne leur donnât par contrat la garantie qu'elles n'auraient à chanter dans aucun opéra de Spontini !

Mais il veut absolument venir à Paris ; il ne peut plus tenir à Berlin, où, à ce qu'il prétend, il a vécu en exilé, victime de la haine de ses ennemis, et où on ne le laisse pas encore en repos. Un de ces derniers jours il écrivit au rédacteur de *La France musicale* que ses ennemis ne se contentaient pas de l'avoir repoussé au-delà du Rhin, de la Weser, de l'Elbe ; qu'ils voulaient le chasser encore plus loin, au-delà de la Vistule, du Niemen ! Il trouve une grande ressemblance entre son sort et celui de Napoléon. Il se croit un génie contre lequel se seraient conjurées toutes les puissances musicales. Berlin est sa Sainte-Hélène, et le critique Rellstab son Hudson Lowe. Mais à présent, pense-t-il, on devrait faire revenir ses restes mortels à Paris et les inhumer solennellement dans le palais des Invalides de l'art musical, dans l'Académie royale de musique.

L'alpha et l'oméga de toutes les complaintes de Spontini, c'est Meyerbeer. Quand il me fit ici à Paris l'honneur de sa visite, il fut inépuisable en histoires gonflées de venin et de fiel. Il ne peut nier le fait que le roi de Prusse comble d'honneurs notre grand Giacomo, et se propose de lui confier de hautes places et dignités, mais il sait attribuer cette grâce royale aux plus vilains motifs. Il me semble qu'il a fini par ajouter lui-même foi à ses inventions ; et avec une mine de profonde conviction, il m'assura qu'un jour où il dînait à la table du roi, celui-ci, un peu en goguettes après le dîner, lui avait franchement avoué qu'il voulait attacher à tout prix Meyerbeer à Berlin, pour l'empêcher de manger les revenus de son énorme fortune en pays étranger. "Voyez-vous, mon cher Spontini, lui aurait dit Sa Majesté, puisque la musique, le désir de briller comme compositeur d'opéras, est le faible de ce millionnaire mélomane et ambitieux, j'en profiterai pour l'enjôler par des distinctions et des dignités. Il est triste, aurait ajouté le roi, qu'un talent prussien, doué d'une fortune si colossale, un si riche génie, ait dû gaspiller en Italie et à Paris ses écus sonnants de Prusse, pour être célébré comme compositeur – ce qu'on peut avoir pour de l'argent, on le trouve aussi à Berlin ; aussi dans nos serres chaudes du Brandebourg poussent des lauriers pour le fou qui veut les payer ; aussi nos journalistes sont spirituels, et aiment un bon déjeuner et surtout un bon dîner ; aussi nos maroufles des carrefours et nos marchands de concombres ont des mains rudes pour applaudir non moins bruyamment que les chevaliers du lustre de Paris ; – et même, si nos fainéants, au lieu de croupir dans les tabagies, passaient leurs soirées à l'Opéra pour applaudir *Les Huguenots*, leur éducation y gagnerait – les basses classes ont besoin d'être relevées moralement et *esthétiquement*, et la chose principale c'est que l'argent roule parmi le peuple, surtout dans la capitale." C'est ainsi qu'au dire de Spontini, Sa Majesté le roi de Prusse s'était exprimée pour s'excuser en quelque sorte de sacrifier à Meyerbeer, lui, l'auteur de *La Vestale*. Lorsque je lui fis observer que c'était au fond très louable dans un roi, de faire un tel sacrifice pour le bien-être de sa capitale – Spontini m'interrompit en s'écriant : "Oh, vous vous trompez ! le roi de Prusse ne protège pas la mauvaise musique pour des raisons d'économie politique, mais bien plutôt parce qu'il hait l'art musical, et qu'il est sûr de le ruiner par l'exemple et la direction d'un homme qui, dénué de tout sentiment pour le vrai et le sublime, ne veut que flatter la grossière multitude."

Je ne pus m'empêcher d'avouer franchement à mon interlocuteur que ce n'était pas prudent de sa part de refuser toute espèce de mérite à son rival. – “Rival !” s'écria tout courroucé le furieux Italien, et il changea dix fois de couleur, jusqu'à ce que la jaune eût enfin repris le dessus ; – puis se modérant, il me demanda d'un ton moqueur et en grinçant des dents : “Etes-vous bien certain que Meyerbeer soit en effet le compositeur de la musique qu'on joue sous son nom ?” – Je ne fus pas peu surpris de cette question extravagante, et à mon grand étonnement j'appris que Meyerbeer avait acheté en Italie les compositions de quelques musiciens nécessiteux, et qu'il en avait fabriqué des opéras qui étaient tombés, parce que le fatras qu'on lui avait vendu s'était trouvé trop misérable. Plus tard, à ce que m'assura mon interlocuteur, Meyerbeer a acquis d'un *abbate* de talent à Venise quelque chose de meilleur qu'il a incorporé à son *Crociato* ; depuis il a encore su se procurer les manuscrits inédits de Weber, que la veuve du défunt lui céda à vil prix, et dans lesquels il puisera prochainement de bonnes inspirations. Quant à *Robert le Diable* et *Les Huguenots*, continua le furieux Italien, ces deux ouvrages sont pour la plus grande partie la production d'un Français nommé Gouin*, qui fait très volontiers exécuter ses opéras sous le nom de

* M. Gouin était le secrétaire de Meyerbeer. L'affabulation suivante est, bien entendu, totalement dénuée de fondement et vise à railler plus efficacement le pauvre Spontini.

Meyerbeer, afin de ne pas perdre son emploi de chef de bureau à la grande poste aux lettres, où ses supérieurs se méfieraient sans doute de son zèle administratif, s'ils connaissaient son penchant rêveur pour la composition musicale. Vous savez que les gens d'affaires regardent les fonctions pratiques comme incompatibles avec le talent d'un artiste, et l'employé de la poste, M. Gouin, est assez prudent pour taire sa capacité de compositeur, et pour abandonner toute gloire mondaine à son ambitieux ami Meyerbeer. – Et voilà la cause de la liaison intime de ces deux hommes, dont les intérêts s'accordent non moins intimement. Mais un père reste toujours père, et l'ami Gouin a toujours à cœur le sort de ses enfants spirituels ; les détails de l'exécution et du succès de *Robert le Diable* et des *Huguenots* absorbent toute son activité, il assiste à chaque répétition, nous le voyons en continuelles conférences avec le directeur de l'Opéra, avec les chanteurs, les danseurs, le chef de la claque, les journalistes : il court du matin au soir avec ses grosses bottes graissées d'huile de baleine sans sous-pieds chez tous les rédacteurs de journaux, pour leur faire agréer quelque réclame en faveur des prétendus opéras du grand *maestro*, et son zèle infatigable fait l'étonnement de tout le monde.

Quand *signor* Spontini me communiqua cette hypothèse, je fus forcé de convenir qu'elle était bien ingénieuse, et ne manquait pas complètement de probabilité. En effet, bien que l'extérieur rustique de ce brave et honnête M. Gouin, sa figure

hébétée et rusée à la fois, surtout son front déprimé, garni de cheveux noirs et crasseux, rappelle un éleveur de bestiaux ou un négociant en cochons plutôt qu'un artiste inspiré, il y a cependant dans sa conduite plus d'une particularité de nature à faire réfléchir, et je comprends qu'on pourrait bien le soupçonner d'être l'auteur des opéras de Meyerbeer. Il lui arrive parfois de nommer *Robert le Diable* ou *Les Huguenots* "notre opéra". Quelquefois il lui échappe des locutions comme celles-ci : "Nous avons aujourd'hui une répétition" – "Nous avons à abréger un air". Il est singulier aussi que M. Gouin ne manque aucune représentation de ces opéras ; et lorsqu'on applaudit un air de bravoure, il s'oublie tout à fait, jusqu'à s'incliner de tous côtés comme s'il voulait remercier le public. J'avouai tout cela au furieux Italien, mais j'ajoutai : "Quoique j'aie remarqué ces choses de mes propres yeux, je ne regarde pourtant pas M. Gouin comme l'auteur des opéras de Meyerbeer ; je ne puis croire que M. Gouin ait écrit *Les Huguenots* et *Robert le Diable* ; mais s'il en est ainsi réellement, la vanité d'artiste finira par gagner le dessus, et M. Gouin revendiquera publiquement tôt ou tard son titre d'auteur de ces opéras.
– Non ! répondit à voix basse l'Italien, en lançant de côté un regard sinistre, aussi perçant que la pointe d'un stylet, non ! ce Gouin connaît trop bien son Meyerbeer pour ne pas savoir les moyens que son terrible ami a à sa disposition, quand il s'agit d'écarter quelqu'un qui lui serait dangereux. Sous le prétexte que son pauvre ami Gouin a perdu la

raison, il serait capable de le faire enfermer pour toujours à Charenton. Il paierait pour lui la pension de la première classe des aliénés, et il irait au moins deux fois par semaine à Charenton, pour voir si son pauvre ami est bien gardé à vue ; il donnera un bon pourboire aux gardiens de l'endroit, afin qu'ils aient bien soin de son ami, de son Oreste insensé, dont il se posera comme un autre Pylade, à la grande édification de tous les badauds qui vanteront sa générosité. Pauvre Gouin ! quand il parlera de ses beaux chœurs dans *Robert le Diable* on lui mettra la camisole de force, et quand il parlera de son magnifique duo des *Huguenots*, on lui donnera la douche. Et il pourra encore se féliciter d'avoir conservé la vie et de n'être pas disparu de ce monde, comme tous ceux qui embarrassaient dans son chemin le fameux *jettatore* Meyerbeer ! Où est Weber ? où est Bellini ? Hum ! hum !"

Ce hum ! hum ! fut si comique, malgré toute l'insolente méchanceté et l'infâme calomnie qu'il renfermait, que je ne pus m'empêcher de rire, en faisant observer à Spontini : "Mais vous, *maestro*, vous n'êtes pas encore écarté de son chemin, ni Donizetti non plus, ni Mendelssohn, ni Rossini, ni Halévy. – Hum ! hum ! reprit-il, hum ! hum ! Halévy ne gêne pas son confrère, et ce dernier le paierait même pour qu'il existât seulement, comme rival apparent et peu dangereux ; quant à Rossini, Meyerbeer sait par ses espions qu'il ne compose plus une seule note ; aussi l'estomac de Rossini a-t-il assez souffert déjà, et il ne touche plus à aucun piano, pour ne point exciter les soupçons de Meyerbeer. Hum ! hum ! Mais, Dieu merci ! nos corps seuls peuvent être tués, et non pas les œuvres de notre esprit ; celles-ci fleuriront éternellement belles et fraîches, tandis qu'avec la mort de ce Cartouche de la musique son immortalité prendra fin également, et ses opéras le suivront dans le muet empire de l'oubli !"

J'eus peine à contenir mon indignation, en entendant le dédain impertinent avec lequel l'envieux Italien parlait de notre grand et célèbre *maestro*, l'orgueil de l'Occident et de l'Orient, et qui est certainement à considérer et à admirer comme le vrai créateur de *Robert le Diable* et des *Huguenots* ! Non, des opéras aussi magnifiques n'ont pas été composés par M. Gouin, quelque brave homme qu'il soit ! De temps à autre, il est vrai, malgré toute ma vénération pour le génie élevé de leur auteur, je sens naître en moi des doutes inquiétants sur l'immortalité de ces chefs-d'œuvre après le décès de l'auteur ; mais dans mon entretien avec Spontini, je ne m'en donnai pas moins l'air d'être convaincu de leur existence après la mort du maître, et pour vexer le malicieux Italien, je lui fis une confidence par laquelle il put voir avec quelle prévoyance Meyerbeer avait pris ses mesures pour assurer la prospérité de ses enfants spirituels jusqu'au-delà de la tombe. "Cette précaution, dis-je à Spontini, est une preuve psychologique que la paternité réelle des opéras en question appartient au grand Giacomo Meyerbeer, et non à M. Gouin. Voici ce que c'est : le tendre père a fondé par testament une sorte de fidéicommis en faveur de ses enfants musicaux, en léguant à chacun d'eux un capital dont la rente est destinée à assurer l'avenir des pauvres orphelins, de manière que, même après le trépas de monsieur leur père, on puisse faire face aux indispensables dépenses de popularité, aux frais éventuels de beaux décors, d'éclairage extraordinaire, de claque, de louanges de journaux, d'ovations de chanteuses, etc. Même pour le petit *Prophète* qui n'a pas encore vu le jour, l'excellent père a déjà, dit-on, stipulé une somme de cent cinquante mille thalers de Prusse. Jamais prophète n'est venu au monde avec une pareille fortune ; le fils du charpentier de Bethléem et le conducteur de chameaux à La Mecque ne furent pas aussi riches. *Robert le Diable* et *Les Huguenots* semblent être moins abondamment dotés ; ils peuvent peut-être aussi, pendant quelque temps, vivre de leur propre graisse, tant que dureront les provisions de garde-robes magnifiques et de superbes jambes de ballet ; plus tard ils auront besoin d'une allocation extraordinaire. Pour le *Crociato*, la dotation sera probablement moins brillante ; le père se montre à juste titre un peu chiche envers lui, se plaignant que ce freluquet lui a jadis mangé trop d'argent en Italie, et que si ce n'est un prodige, c'est du moins un prodigue. En revanche, Meyerbeer dote d'autant plus généreusement sa malheureuse fille tombée *Emma de Rosburgo* ; elle sera chaque année proclamée de nouveau dans *La Presse*, elle sera équipée tout à neuf, et elle paraîtra dans une édition de luxe sur satin vélin ; c'est pour des marmots malingres et rachitiques que bat toujours le plus tendrement le cœur des parents. De la sorte, tous les enfants spirituels de Meyerbeer sont bien établis, leur sort est garanti à tout jamais."

La haine aveugle même les plus sages, et il n'est point étonnant qu'un fou aigri comme Spontini n'ait pas entièrement douté de mes paroles. "Oh ! s'écria-t-il, cet homme est capable de tout ! Malheureux temps ! malheureux monde !"

V

20 avril 1841

Le Salon de cette année n'a révélé qu'une impuissance bariolée. On croirait presque que c'en est fait dans ce pays de la renaissance des arts plastiques qu'on y attendait ; ce ne fut pas un nouveau printemps, mais une déplaisante arrière-saison des beaux-arts. Immédiatement après la révolution de Juillet, la peinture, la sculpture et même l'architecture prirent un joyeux essor ; mais les ailes n'étaient qu'extérieurement attachées, et le vol artificiel fut suivi d'une chute déplorable. Seulement l'art cadet, la musique, s'était élevé avec une force nouvelle et originale. A-t-il déjà atteint le zénith de sa carrière lumineuse ? S'y maintiendra-t-il longtemps ? ou redescendra-t-il promptement ? Voilà des questions auxquelles une génération future pourra seule répondre. Mais en tout cas il est probable que notre époque sera inscrite de préférence dans les annales de l'art comme la période la plus brillante de la musique. Avec la spiritualisation continue du genre humain, le développement des arts marche constamment de front. Dans les premiers âges du monde, l'architecture dut nécessairement être seule dominante, en exprimant seulement la grandeur matérielle, comme nous en voyons des manifestations, par exemple chez les Egyptiens. Plus tard, nous remarquons chez les Grecs la période florissante de la sculpture, et celle-ci indique déjà une subjugation extérieure de la matière : l'esprit cisela dans la pierre une immatérialité à demi conçue dans ses pressentiments. Mais l'esprit vint à trouver la pierre bien trop dure pour ses besoins toujours croissants de révélation morale, et il choisit la couleur, l'ombre colorée, pour représenter un monde d'amour et de souffrance, à la fois illuminé et crépusculaire. C'est alors que naquit la grande époque de la peinture, qui se déploya avec tant d'éclat à la fin du Moyen Age. Avec les progrès de l'esprit vers la conscience de lui-même, tout talent plastique disparaît chez les hommes ; même le sens de la couleur, qui est encore lié par des contours déterminés, s'efface à la fin, et la spiritualité perfectionnée, la pensée abstraite, imagine des sons et des accords pour exprimer ou plutôt pour bégayer une sublimité de sentiments, qui n'est peut-être rien autre que la dissolution de tout le monde corporel : la musique pourrait bien être le dernier mot de l'art, comme la mort est le dernier mot de la vie.

J'ai communiqué ici cette courte observation, afin d'indiquer pourquoi la saison musicale m'effraie plutôt qu'elle ne me réjouit. Le fait qu'on se noie pour ainsi dire à Paris dans des flots de musique, qu'il n'y a presque pas une seule maison où l'on puisse se sauver comme dans une arche de

Noé devant ce déluge sonore, enfin que le noble art musical inonde notre vie entière ; – ce fait est pour moi un signe inquiétant, et j'en ressens parfois un déplaisir qui dégénère en injustice grondeuse envers nos grands *maestri* et virtuoses. Dans cette disposition d'esprit, il ne faut point s'attendre de ma part à un panégyrique trop chaleureux en faveur de l'artiste que le beau monde de Paris, et surtout le monde hystérique des dames, entoure dans ce moment d'hommages enthousiastes et d'acclamations frénétiques, et qui est en effet un des plus notables représentants du mouvement musical. Je parle de Franz Liszt, l'illustre pianiste. Oui, cet incomparable virtuose est de nouveau à Paris, et y donne des concerts qui exercent un charme vraiment fabuleux. A côté de lui s'éclipsent tous les autres pianistes, à l'exception d'un seul, Chopin, le Raphaël du piano-forte. En effet, à l'exception de ce musicien unique, tous les pianistes que nous avons entendus cette année dans d'innombrables concerts ne sont tout simplement que des pianistes, ils brillent par la dextérité avec laquelle ils manient le bois tendu de cordes, tandis que chez Liszt on ne pense plus à la difficulté vaincue, l'instrument disparaît et la musique se révèle. Sous ce rapport, Liszt a fait les progrès les plus merveilleux, depuis que nous l'entendîmes pour la dernière fois. A cet avantage il joint un calme, que nous regrettions auparavant de ne pas trouver en lui. Alors, quand il jouait, par exemple, un orage sur le piano, nous voyions les éclairs sillonner son propre visage, ses membres branlaient comme agités par la tempête, et sa longue chevelure flottante dégouttait pour ainsi dire de l'averse exprimée. Mais maintenant, quand il joue même l'ouragan le plus effroyable, il plane lui-même tranquillement au-dessus de la tourmente, comme le voyageur placé sur la cime d'une montagne des Alpes, pendant qu'un orage se décharge dans la vallée : les nuages s'étendent bien en bas sous lui ; les éclairs se tortillent comme des serpents à ses pieds, et il élève sa tête souriante dans l'éther azuré.

Malgré l'originalité de son génie, Liszt rencontre ici à Paris une opposition consistant pour la plupart en musiciens sérieux qui présentent le laurier à son rival Thalberg, le pianiste impérial de Vienne. – Liszt a déjà donné deux concerts, où, contrairement à toute habitude, il a joué tout seul, sans la coopération d'autres artistes*. Il prépare maintenant un troisième concert, au profit du monument de Beethoven. Ce compositeur doit en effet convenir plus que tout autre au goût d'un Liszt. Beethoven surtout pousse l'art spiritualiste jusqu'à cette agonie mélodieuse du monde des réalités, jusqu'à cette annihilation de la matière, qui me donne des frissons, je ne puis m'en cacher, quoique mes amis secouent la tête aussitôt que je leur fais un semblable aveu.

* C'est en 1839, en Italie, que Liszt inventa le récital moderne. L'état de la vie musicale italienne l'empêchant de trouver des artistes assez bons pour s'associer aux concerts ordinaires, il décida de dire au public : "Le concert, c'est moi !"

C'est une circonstance très significative à mes yeux, que Beethoven soit devenu sourd vers la fin de sa vie, de manière que même le monde invisible des sons n'avait plus pour lui aucune réalité sensible. Les sons qui vivaient encore en son esprit n'étaient plus que des souvenirs, des spectres de sons éteints, et ses dernières productions portent au front un cachet de mort qui fait frémir.

Moins tristement que par la musique de Beethoven, je fus impressionné par un de ses soi-disant amis, l'ami de Beethoven, titre sous lequel il se produisit partout à Paris, je crois même sur ses cartes de visite*. C'était une longue perche noire, avec une cravate d'une blancheur effroyable, et une mine de croque-mort. Cet ami de Beethoven fut-il en effet son Pylade ? ou bien comptait-il parmi le nombre des simples connaissances qu'un homme de génie aime parfois à fréquenter avec d'autant plus de plaisir que ces gens-là sont plus insignifiants, et qu'ils ont un verbiage plus prosaïque, qui lui offre une récréation après de fatigants essors poétiques ? En tout cas, nous vîmes dans cet exemple un nouveau genre d'exploitation du génie, et les petits journaux raillèrent à cœur joie l'ami de Beethoven. "Comment l'éminent artiste a-t-il pu supporter un ami si peu amusant et si pauvre d'esprit !" s'écrièrent les Français, qui perdaient toute patience en entendant le bavardage monotone de cet ennuyeux

* Anton Schindler.

compagnon. Ils ne se rappelaient pas que Beethoven était sourd.

La quantité d'artistes qui s'est produite dans des concerts pendant la dernière saison est incommensurable, et il n'y a point eu manque de pianistes médiocres que des feuilles publiques prônaient comme des merveilles. La plupart d'entre eux sont des jeunes gens qui, de leur propre et modeste personne, insèrent de telles louanges dans la presse. Ces sortes de glorifications de soi-même, qu'on désigne par le nom de réclames, forment une lecture très divertissante. Une réclame publiée récemment par la *Gazette musicale* mandait de Marseille : que le célèbre Doehler avait, là aussi, ravi tous les cœurs, et qu'il avait surtout captivé l'attention du beau monde par son intéressante pâleur, suite d'une maladie dont il relevait. Le célèbre Doehler est depuis revenu à Paris, et il y a donné plusieurs concerts ; il joue en effet d'une façon gentille, jolie et mignonne. Son exécution est charmante et dénote une surprenante facilité de doigté, mais elle ne témoigne ni de force ni d'esprit. Gracieuse faiblesse, élégante impuissance, intéressante pâleur.

Parmi les concerts de cette année, qui continuent de résonner dans la mémoire des amateurs, se trouvent les matinées musicales que les éditeurs rivaux des deux journaux de musique ont offertes à leurs abonnés. *La France musicale* brilla dans son concert par la coopération des chanteurs italiens et du violoniste Vieuxtemps, qu'on regarde comme un des lions de la saison musicale. Je ne saurais répondre à la question si la peau velue de ce lion renferme un véritable roi du règne animal, ou tout bonnement un pauvre petit grison.

M. Vieuxtemps est un fils de la Belgique, et en général les violonistes les plus remarquables tirent leur origine des contrées néerlandaises. Car le violon est dans les Pays-Bas l'instrument national que grands et petits, hommes et femmes, ont cultivé de tout temps, comme nous le remarquons sur les tableaux hollandais. Le violoniste le plus distingué que ces pays aient produit est, sans contredit, Bériot, le mari de Malibran ; je ne puis parfois me défendre de l'idée que dans son violon habite et chante l'âme de feu son épouse. Il n'y a que le violoniste Ernst, le poétique fils de la véritable Bohême, qui sache évoquer de son instrument des sons plaintifs aussi doux et aussi navrants à la fois. – Un compatriote de Bériot est Artôt, violoniste également distingué, mais dont le jeu ne rappelle jamais une âme : un garçon fait au tour et tiré à quatre épingles, dont l'exécution est brillante et unie comme de la toile cirée. Hauman, frère du contrefacteur de Bruxelles, exerce sur le violon le métier de monsieur son frère : ce qu'il joue, ce sont des contrefaçons nettes des plus parfaits violonistes, les textes brodés çà et là de notes originales superflues, et augmentés d'éclatantes fautes d'impression. – Les frères Franco-Mendez, qui prouvèrent encore cette année leur talent de violonistes dans les concerts qu'ils ont donnés, sont tout spécialement originaires du pays des *Treckshuyt** et des *Quispeldorchen***. La même chose a lieu pour Batta, le violoncelliste ; il est natif de la Hollande, mais il vint de bonne heure ici à Paris, où il amusa tout particulièrement les dames par sa jeunesse enfantine. C'était un gentil petit garçon, et il pleurait sur son instrument comme un enfant. Quoique dans l'intervalle il soit devenu un grand garçon, il ne peut pourtant point quitter la douce habitude de geindre, et l'autre jour qu'il était empêché par une indisposition de se produire en public, on disait qu'à force de tirer de son violoncelle des vagissements de mioche, il avait fini par contracter une véritable maladie d'enfant, je crois la rougeole. Mais il paraît se trouver tout à fait rétabli, et les journaux annoncent que le célèbre Batta prépare pour jeudi prochain une matinée musicale qui dédommagera le public d'avoir été si longtemps privé de son favori.

Le dernier concert que M. Maurice Schlesinger offrit aux abonnés de sa *Gazette musicale*, et qui, comme je l'ai déjà indiqué, était un des plus brillants incidents de la saison, avait un intérêt tout particulier pour nous autres Allemands. Aussi, toute la fine fleur de nos compatriotes s'y trouvait-elle réunie, avide d'entendre Mlle Lœwe, cantatrice

* Comme précédemment, Heine use de la couleur locale avec la plus grande désinvolture linguistique. Il faut lire *Trekschuit*, qui désigne une péniche halée le long d'un cours d'eau, moyen de transport qui servait aussi bien aux personnes qu'aux marchandises.
** Le véritable mot est *Quispedoortjes* : petits crachoirs.

renommée, qui chanta en langue allemande la belle *canzone* de Beethoven, *Adélaïde.* Les Italiens et M. Vieuxtemps, qui avaient promis d'y coopérer, firent s'excuser pendant le concert, à la grande consternation de l'ordonnateur de la fête, qui, avec sa dignité accoutumée, s'avança devant le public en lui déclarant que M. Vieuxtemps ne voulait pas jouer parce qu'il regardait le local et l'auditoire comme n'étant pas à sa hauteur ! L'insolence de ce violoniste mérite le blâme le plus sévère. Le local du concert était la salle de Musard dans la rue Vivienne, où l'on danse seulement un brin le cancan pendant le carnaval, mais où l'on exécute durant le reste de l'année la musique la plus convenable de Mozart, de Giacomo Meyerbeer et de Beethoven. Au besoin l'on pardonne un pareil caprice aux chanteurs italiens, à un *signor* Rubini et à un *signor* Lablache ; de la part de rossignols on peut souffrir la prétention de ne vouloir chanter que devant un public de faisans dorés et d'aigles. Mais *mynher*, la cigogne flamande, ne devrait pas être si difficile et dédaigner une assemblée parmi laquelle se trouvait la volaille la plus honnête, une foule de paons et de pintades, entremêlée de dindons et de hiboux allemands des plus distingués. – De quelle espèce fut le succès du début de Mlle Lœwe ? Je dirai toute la vérité en deux mots : elle chanta parfaitement, elle plut à tous les Allemands et elle fit fiasco chez les Français.

Quant à cette dernière mésaventure, je voudrais assurer, pour sa consolation, à cette bonne chanteuse que c'étaient justement ses qualités qui s'opposèrent à sa réussite près du public français. L'*Adélaïde* de Beethoven ne va pas à ce public. Ces tranquilles soupirs d'une âme rêveuse, cette effusion langoureuse de sentiments aux yeux bleus, ces accents de tendresse sublime exhalés dans la solitude des forêts, ces fleurs de tilleul chantées avec le clair de lune obligé, bref, ce chant archigermanique ne rencontra point d'écho dans les cœurs français, et il fut même traité par les langues moqueuses de sensiblerie d'outre-Rhin.

Bien que Mlle Lœwe n'ait pas eu d'applaudissements ici, on fit cependant tous les efforts possibles pour lui procurer un engagement à l'Académie royale de musique. Le nom de Meyerbeer fut mis en avant à cette occasion d'une façon plus insistante que l'honorable *maestro* ne le désirait sans doute. Est-ce vrai que Meyerbeer ne voulait pas produire son nouvel opéra en cas qu'on n'engageât pas Mlle Lœwe ? A-t-il réellement soumis l'accomplissement des désirs du public à une condition si futile ? Meyerbeer possède-t-il cet excès de modestie de s'imaginer que la réussite de son nouvel ouvrage dépend de l'organe plus ou moins souple d'une *prima donna* ?

Les nombreux admirateurs de l'admirable *maestro* voient avec regret que l'illustre compositeur se donne à chaque nouvelle production de son génie une peine excessive pour en assurer le succès, et qu'il prodigue dans cette besogne ses meilleures forces aux plus minces détails. Sa constitution faible et délicate doit en souffrir. Ses nerfs se trouvent dans un état continuel de surexcitation, et avec sa maladie chronique du bas-ventre il est souvent atteint de la cholérine régnante. Le miel spirituel qui dégoutte de ses chefs-d'œuvre musicaux et qui nous rafraîchit l'âme, coûte au maître lui-même les plus terribles souffrances corporelles. Lorsque j'eus la dernière fois l'honneur de le voir, je fus effrayé de sa mine vraiment misérable. A son aspect, je me rappelai le dieu de la diarrhée dans la légende tartare, où l'on raconte d'une façon à la fois drôle et épouvantable que ce vilain démon, ce véritable cacadémon, acheta un jour à la foire de Kazan six mille pots pour son propre usage, de sorte que le potier s'en trouva enrichi d'un coup. Puisse le ciel accorder à notre illustre *maestro* une meilleure santé, et puisse-t-il lui-même n'oublier jamais que la trame de ses jours est extrêmement flasque, et que les ciseaux de la Parque en sont d'autant plus tranchants ! Puisse-t-il n'oublier jamais quels hauts intérêts se rattachent à sa propre conservation ! Que deviendra sa gloire si lui-même, l'illustre *maestro*, avait le malheur (malheur dont le ciel nous préserve encore longtemps) d'être arraché subitement par la mort au théâtre de ses triomphes ? Sa famille la continuera-t-elle, cette gloire dont s'enorgueillit le peuple allemand en général et M. Maurice Schlesinger en particulier ? A coup sûr, les moyens matériels ne feraient pas défaut à la famille de Meyerbeer, mais peut-être les moyens intellectuels. Lui seul, le grand Giacomo, le directeur général de toutes les institutions musicales de Sa Majesté le roi de Prusse, et en même temps le maître de chapelle de la gloire meyerbeerienne, lui seul peut diriger l'immense orchestre de cette gloire – ah ! c'est plaisir à voir avec quelle puissance il dirige cet énorme orchestre – il n'a qu'à faire un signe de la tête, et tous les trombones des grands journaux entonnent *unisono* leurs fanfares applaudissantes ; il n'a qu'à cligner de l'œil, et tous les violons laudatifs se mettent à chanter ; il n'a qu'à froncer légèrement le côté gauche de son nez, et tous les flageolets des feuilletons s'évertuent à flûter du plus doux ton de flatterie. – Dans cet orchestre, il y a aussi d'inouïs instruments à vent antédiluviens, des trompettes de Jéricho et des harpes éoliennes non encore découvertes, les instruments à cordes de l'avenir, dont l'emploi dénote le plus prodigieux talent d'instrumentation. – Oui, aucun compositeur ne s'est encore entendu, à un degré aussi élevé que notre Meyerbeer, à l'art de l'instrumentation, c'est-à-dire l'art d'employer toute sorte d'hommes comme instruments. Il sait se servir des plus grands et des plus petits, et comme par enchantement, au moyen de leur action simultanée, il produit un accord presque fabuleux dans l'approbation publique. Voilà ce qu'aucun autre musicien n'a jamais su faire. Tandis que les meilleurs opéras de Mozart et de Rossini échouèrent à la première représentation, et que des années s'écoulèrent avant qu'ils ne fussent véritablement appréciés, les chefs-d'œuvre de notre ingénieux Meyerbeer enlèvent dès la première représentation tous les suffrages, et déjà le lendemain tous les journaux font chorus d'enthousiasme et publient des panégyriques en l'honneur du grand *maestro*. Tel est le résultat opéré par le concours harmonieux des instruments ; pour la mélodie, Meyerbeer doit céder la palme aux deux maîtres Mozart et Rossini ; mais il les surpasse, comme je viens de le dire, par l'instrumentation. Dieu sait qu'il se sert souvent des instruments les plus abjects, les plus ignobles, les plus puants ; mais justement avec cette sorte il produit les plus grands effets sur la grande masse du public, qui l'admire, l'adore, le vénère et même l'estime. – Qui peut prouver le contraire ? Les couronnes de laurier lui arrivent de toutes parts, il porte sur la tête toute une forêt de lauriers, il ne sait plus à peine où les mettre, et il se traîne en haletant sous ce vert fardeau. Il devrait acheter un petit âne qui, trottinant derrière lui, porterait ces lourdes couronnes. Mais Gouin est jaloux, et il ne souffre pas qu'un autre l'accompagne et se charge de ses lauriers.

Je ne puis me refuser de mentionner ici un bon mot qu'on attribue au musicien Ferdinand Hiller. Quelqu'un lui ayant demandé son opinion sur les opéras de Meyerbeer, Hiller aurait répondu avec une humeur évasive : Ah ! ne parlons point politique !

VI

7 février 1842

“Nous dansons ici sur un volcan” – mais nous dansons. Ce qui fermente, bout et bouillonne dans le volcan, nous ne l’examinerons pas aujourd’hui, et ce sera seulement la manière dont on danse à sa surface que nous prendrons pour sujet de nos communications. Il nous faudra donc avant tout parler de l’Académie royale de musique où existe toujours ce vénérable corps de ballet qui conserve fidèlement les traditions chorégraphiques, et qui est à regarder comme la pairie de la danse. De même que l’autre pairie qui réside au Luxembourg, de même celle-ci compte parmi ses membres bien des perruques et des momies, que des scrupules faciles à comprendre m’empêchent de discuter. Je suis averti par l’exemple de ce pauvre M. Perrée, gérant du *Siècle*, qui vient d’être condamné à six mois de prison et dix mille francs d’amende. Je ne parlerai que de Carlotta Grisi qui se distingue d’une manière brillante et délicieuse au milieu de la vénérable compagnie de la rue Lepelletier, à peu près comme une orange parmi des pommes de terre. C’est surtout Carlotta Grisi qui causa le succès inouï du ballet intitulé *Les Willis*, dont l'heureux sujet est emprunté à un auteur allemand que vous connaissez*. Mais de quelle façon ravissante elle danse ! Quand on la voit, on oublie que Taglioni est en Russie et Fanny Elssler en Amérique ; on oublie l'Amérique et la Russie elles-mêmes ou plutôt tout le globe, et l'on plane avec elle dans les jardins suspendus et enchantés de cet empire des esprits où elle règne en souveraine. Oui, elle a tout à fait le caractère de ces esprits élémentaires que nous nous figurons toujours dansants, et dont les danses puissantes et séductrices fournissent au peuple le sujet de tant de traditions merveilleuses. Dans la légende des Willis, cette mystérieuse et frénétique passion pour la danse, qui appartient aux esprits élémentaires, et qui a parfois entraîné des hommes à leur perte, est attribuée aussi aux fiancées mortes ; à l'antique croyance païenne du joyeux et luxurieux délire des nixes et des elfes (des ondines et des sylphes), s'allièrent encore les frissons voluptueux et mélancoliques, les sombres et douces horreurs du monde des spectres selon la superstition du Moyen Age.

La musique répond-elle au sujet fantastique de ce ballet ? M. Adam, qui a composé la musique, était-il capable d'inventer des airs de danse qui, comme il est dit dans une légende septentrionale, forcent les arbres de la forêt à sautiller et les eaux

* *Giselle* ou *Les Willis*, ballet dont l'argument est de Saint-Georges et Gautier, inspiré par les *Reisebilder* de Heine ; musique d'Adolphe Adam (1841).

des torrents à s'arrêter immobiles ? M. Adam, à ce qu'on m'a raconté, a été en Norvège, mais je doute qu'il y ait appris de quelque magicien versé dans la science runique la fameuse mélodie du *Stroemkarl* dont on n'ose jouer que dix variations ; c'est qu'il y a encore une onzième variation qui pourrait causer de grands malheurs : quand on joue celle-ci, toute la nature s'émeut, les montagnes et les rochers commencent à danser, et les maisons dansent, et dans les maisons dansent les chaises et les tables, le grand-père saisit la grand-mère, le chien saisit la chatte pour danser, même l'enfant saute à bas de son berceau et danse. Non, M. Adam n'a pas rapporté de son voyage dans le Nord des mélodies aussi dangereuses ; mais ce qu'il a produit est toujours honorable, et il occupe un rang distingué parmi les compositeurs de musique de l'école française.

Je ne puis me dispenser de mentionner ici que l'Eglise chrétienne, qui a reçu dans son giron et mis à profit tous les arts, ne sut cependant rien faire de l'art de la danse, et le rejeta et le réprouva. La danse rappelait peut-être trop l'ancien culte des païens, aussi bien des païens gréco-romains que des païens germains et celtes, dont les dieux se sont transformés justement en ces êtres aériens nommés nixes et elfes, et auxquels la croyance populaire, comme je l'ai indiqué tout à l'heure, attribuait une merveilleuse passion pour la danse. En général le mauvais esprit, le prince des ténèbres, fut à la fin regardé comme le véritable patron de la danse, et c'est dans sa compagnie inique que les sorciers et les sorcières dansaient leurs rondes nocturnes. “La danse est maudite”, dit une pieuse chanson populaire ; “quand tu vois danser, ajoute le chansonnier, pense à la tête coupée de Jean Baptiste sur le plat sanglant, et la tentation infernale n’aura pas de puissance sur ton âme”. Maintes fois que nous assistions à la représentation d’un ballet dans la salle du Grand Opéra, la danse de l’Académie royale de musique se présenta à notre esprit comme une tentative de christianiser en quelque sorte cet art archipaïen ; et, en effet, le ballet français sent presque l’Eglise gallicane et même le jansénisme, comme toutes les productions artistiques du grand siècle de Louis XIV. Le ballet français est sous ce rapport un pendant analogue des tragédies de Racine et des jardins de Le Nôtre. Il y règne en outre la même coupe régulière, la même mesure d’étiquette, la même froideur de cour, la même prudence précieuse, la même chasteté. En vérité, la forme et l’essence du ballet français sont chastes, mais les yeux des danseuses font aux pas les plus pudiques le plus licencieux commentaire, et leur sourire indécent et libertin est en contradiction permanente avec leurs pieds. Nous remarquons tout le contraire dans les danses dites nationales, et je les préfère mille fois aux ballets du Grand Opéra. Les danses nationales sont souvent trop sensuelles, presque lubriques dans leurs formes, par exemple, les danses indiennes ; mais la sainte gravité sur les figures des danseurs moralise ces danses et les élève même à la hauteur d’un service divin, d’un acte religieux. Le grand Vestris a un jour prononcé une parole dont on a beaucoup ri. De ce ton pathétique qui allait si bien à sa mine importante, il disait à un de ses disciples : "Un grand danseur doit être vertueux." Chose singulière ! le grand Vestris repose déjà depuis quarante ans dans la tombe (il n'avait pu survivre au malheur de la maison de Bourbon avec laquelle la famille des Vestris avait toujours été très liée), et seulement l'année dernière, lorsque j'assistais à une séance de la Chambre des députés, où parlait M. Guizot, le ton sonore de l'orateur me fit rêvasser, et Dieu sait comment, feu le grand Vestris me vint à la mémoire, et comme par inspiration je compris tout à coup la signification profonde de ces mots : "Un grand danseur doit être vertueux."

Je ne puis vous rapporter que peu de chose des bals de société de cette année, car j'ai honoré jusqu'à présent peu de soirées de ma présence. La pâle monotonie de ces soirées a déjà depuis longtemps commencé à m'ennuyer, et je ne comprends pas comment un homme peut l'endurer à la longue. Pour les femmes, je comprends cela parfaitement. A leurs yeux, la toilette dont elles peuvent faire parade est la chose essentielle. Les préparatifs du bal, le choix de la robe, les petits soins de l'ajustement, l'arrangement de la coiffure, le sourire d'essai devant la glace, bref, la parure et la coquetterie sont pour elles l'affaire principale et leur procurent l'amusement le plus délicieux. Mais pour nous autres hommes qui ne mettons qu'un disgracieux habit noir et des souliers (les terribles souliers !) – pour nous une soirée n'est qu'une inépuisable source d'ennui, entremêlée de quelques verres de lait d'amande et de jus de framboise. Je ne veux pas parler du tout de la charmante musique. Ce qui rend les bals du grand monde encore plus ennuyeux qu'ils ne devraient l'être à bon droit, c'est la mode dominante de ne danser qu'en apparence, de n'exécuter qu'en marchant les figures prescrites, de mouvoir les pieds d'une façon tout à fait indifférente et presque maussade. Aucun ne veut plus amuser l'autre, et cet égoïsme se manifeste aussi dans la danse de la société actuelle.

Les classes inférieures, quelque plaisir qu'elles trouvent à singer le beau monde, n'ont cependant pas encore pu se résigner à cette danse apparente de l'égoïsme ; leur danse a encore de la réalité, mais malheureusement une réalité trop décolletée. Je sais à peine comment exprimer l'étrange sentiment de tristesse qui me saisit chaque fois que dans les lieux de divertissements publics, surtout en temps de carnaval, je regarde le peuple qui danse. Là, une musique exagérée, bruyante et aiguë, accompagne des danses qui frisent plus ou moins le cancan. J'entends m'adresser la question : Qu'est-ce que le cancan ? Grand Dieu, on veut que je donne pour la *Gazette d'Augsbourg* une définition du cancan ! Eh bien, soit ! Le cancan est une danse qui ne s'exécute jamais dans une société honnête, mais seulement dans des locaux peu convenables où le monsieur qui le danse, ou la dame par laquelle il est dansé, se voit aussitôt empoigner par un sergent de ville et flanquer à la porte. Je ne sais si cette définition explique suffisamment cette chose scabreuse, mais il n'est pas non plus nécessaire qu'on sache exactement en Allemagne ce que c'est que le cancan des bals publics à Paris. On comprendra toujours par cette définition que la vertu recommandée et prônée par feu Vestris n'est pas absolument de rigueur dans l'exécution de cette danse, et puis que le peuple français est même en dansant incommodé par l'intervention armée de l'Etat. Oui, cette constante participation de la police aux plaisirs du peuple est un singulier abus, et tout étranger s'étonne en remarquant dans les bals publics, à côté de chaque quadrille, plusieurs agents de la préfecture ou gardes municipaux qui surveillent d'un air soucieux et renfrogné la moralité dansante. Il est presque inconcevable comment le peuple peut conserver, sous une aussi honteuse inspection, sa gaieté rieuse et son fol engouement pour la danse. Mais la légèreté française fait justement ses plus joyeuses gambades quand elle est enserrée dans la camisole de force ; et bien que l'œil sévère de la police empêche que le cancan soit dansé d'une façon franchement cynique, les danseurs des bastringues n'en savent pas moins révéler leurs pensées prohibées par toutes sortes d'entrechats ironiques, par les gestes les plus plaisants d'une décence exagérée, et la sensualité voilée apparaît alors plus dévergondée que la nudité elle-même. A mon avis, la moralité publique ne gagne pas grand-chose à voir le gouvernement morigéner la danse du peuple avec tant d'ostentation ; les fruits défendus tentent toujours le plus vivement, et les expédients raffinés et souvent spirituels qu'on emploie pour éluder la censure chorégraphique produisent un effet plus pernicieux que la brutalité permise. Cette surveillance des ébats populaires caractérise d'ailleurs l'état des choses dans ce pays, et montre jusqu'où les Français ont réussi à conquérir la liberté.

Mais ce ne sont pas seulement les rapports entre les deux sexes qui forment dans les bastringues de Paris le sujet de danses obscènes. Il me semble parfois qu'on y bafoue en dansant tout ce qui est regardé comme noble et sacré dans la vie des hommes, mais ce qui a si souvent été exploité par des fourbes et rendu ridicule par des imbéciles que le peuple ne saurait plus y croire comme autrefois. Oui, il a perdu la foi en ces sentiments sublimes, dont parlent et chantent tant nos Tartufes politiques et littéraires ; les fanfaronnades de l'impuissance surtout ont tant dégoûté ce peuple de toutes les choses idéales, qu'il n'y voit plus rien autre que des phrases vides de sens, que de la *blague*, comme il dit dans son argot. De même que cette désolante manière de voir est représentée par le type dramatique de Robert Macaire*, de même elle se manifeste dans la danse du peuple qu'on peut considérer

* Brigand de *L'Auberge des Adrets*, mélodrame créé à l'Ambigu-Comique en 1823 par Frédérick Lemaître, donnant au rôle du criminel un aspect parodique qui en fit le succès.

à juste titre comme une véritable pantomime du robert-macairianisme. L'étranger qui a de ce dernier une idée tant soit peu approximative, comprendra ces danses indescriptibles, ce persiflage dansé qui raille non seulement les rapports sexuels, mais encore les rapports sociaux, mais encore tout ce qu'il y a de bon et de beau dans le monde, mais encore toute espèce d'enthousiasme, le patriotisme, la fidélité, la loyauté, la foi, les sentiments de la famille, l'héroïsme, la Divinité. Je le répète, je suis toujours accablé d'une indicible tristesse quand je regarde le peuple qui danse dans les lieux d'amusement à Paris ; et il en est ainsi surtout aux jours de carnaval où les folles mascarades portent l'allégresse démoniaque jusqu'à une extrémité qui fait frémir. Je fus presque saisi d'horreur en assistant dernièrement à une des splendides fêtes de nuit qu'on donne maintenant dans la salle de l'Opéra-Comique, où les horribles plaisirs du carnaval tourbillonnent avec une fougue bien plus magnifique que dans les bals masqués du Grand Opéra. Là, Belzébuth préside son orchestre et fait une musique étourdissante qui nous déchire les oreilles, tandis que la lumière perçante de l'éclairage au gaz nous éblouit et nous torture les yeux comme le feu de l'enfer. Voilà la vallée perdue dont la nourrice nous a conté de si effroyables légendes ; là, dansent les sorcières endiablées, comme chez nous sur la montagne du Brocken dans la nuit de Walpurgis, et il y en a plus d'une qui est fort jolie, et qui, dans toute sa perversité, ne peut renier entièrement la grâce naturelle de ces diablesses de Françaises. Mais quand les trompettes annoncent à la fin le dernier galop, la terrible ronde, alors le tintamarre satanique arrive au comble de la démence ; on dirait que le plafond de la salle va se fendre, et que tout à coup, par la crevasse de la toiture, toute l'assemblée infernale prendra son vol sur des manches à balai, des pincettes de cheminée, des fourches, de grandes cuillères de bois, ou bien sur des boucs à face humaine ou sur des hommes à face de bouc et sur d'autres montures de sabbat, criant, hurlant, vociférant les paroles sacramentales : *Oben hinaus, nirgends an !* (Passez par en haut, ne touchez nulle part.) C'est le moment dangereux où un nouveau débarqué d'outre-Rhin, qui n'entend rien à la magie, pourrait bien se perdre dans le tourbillon maudit, si par hasard il ne se rappelle pas la vieille prière allemande de sa grand-mère, qu'on doit réciter à voix basse quand les jolies sorcières françaises menacent de vous entraîner dans la damnation éternelle.

VII

15 avril 1842

L'été dernier, au moment que j'arrivais à Sète par une belle journée d'été, je vis passer la procession le long du quai devant lequel s'étend la Méditerranée, et je n'oublierai jamais ce coup d'œil. En tête marchaient les confréries dans leurs costumes rouges, blancs ou noirs, les pénitents dont les capuchons rabattus sur le visage étaient pourvus de deux trous par lesquels leurs yeux regardaient comme des yeux de spectres ; ils portaient aux mains des cierges allumés ou des bannières ornées d'une croix. Puis venaient les moines des différents ordres ; ensuite une longue file de laïques, femmes et hommes, formes humaines pâles et brisées qui s'avançaient pieusement avec une démarche chancelante, et qui chevrotaient des cantiques d'un ton lugubre et lamentable. J'avais souvent rencontré de semblables cortèges dans mon enfance, aux bords du Rhin, et je ne saurais cacher que ces sons éveillèrent en moi une certaine mélancolie, une espèce de mal du pays. Mais ce que je n'avais jamais vu auparavant et ce qui semblait un usage introduit de l'Espagne voisine, ce fut la troupe d'enfants représentant la

Passion. Un petit garçon, exactement costumé comme le Sauveur sur les images populaires et portant la couronne d'épines sur la tête, dont la belle chevelure d'or ondoyait tristement le long de son cou, se traînait haletant et courbé sous le fardeau d'une énorme croix en bois, le front ruisselant de gouttes de sang peintes d'un rouge cramoisi, des stigmates aux mains et aux pieds nus. A ses côtés marchait une petite fille vêtue de noir qui, en *mater dolorosa*, portait dans sa poitrine plusieurs poignards aux manches dorés, et cette petite mère de douleurs fondait presque en larmes – image de la plus profonde amertume. D'autres petits gars, qui les suivaient, représentaient les apôtres, y compris Judas aux cheveux roux et tenant une bourse à la main. Une couple de bambins s'y trouvaient encore, en qualité de sbires romains, armés de casques et de boucliers, et ils brandissaient leurs sabres. Plusieurs enfants portaient des habits d'ordres monacaux et des ornements de prêtres et de grands dignitaires de l'Eglise : c'étaient de petits capucins, de petits jésuites, des évêques en miniature avec la mitre et la crosse, des cardinaux aux chapeaux rouges également d'une taille lilliputienne, de gentilles petites nonnains, toutes âgées de six ans tout au plus, et, chose bizarre ! il y avait dans le nombre aussi quelques enfants habillés en Amours, avec des ailes de soie et des carquois d'or, et tout près du petit Sauveur trottinaient deux petites créatures bien plus délicates encore et à peine âgées de quatre ans, affublées d'un costume rococo de bergers, avec des houlettes et des chapeaux enrubannés, mignonnes à croquer, comme des poupées de massepain : elles figuraient probablement les pâtres qui entouraient la crèche de l'Enfant Jésus. Mais, le croirait-on ? ce spectacle excitait dans notre âme les sentiments les plus graves et les plus dévots, et l'effet en était d'autant plus émouvant que c'étaient justement de petits enfants innocents qui représentaient le martyre le plus cruel et le plus grandiose ! Ce n'était pas une singerie dans le grand style historique, une parade de bigoterie grimaçante, une manifestation mensongère de piété berlinoise : c'était l'expression la plus naïve de la pensée la plus profonde, et précisément la forme simple et enfantine empêchait que le fond n'agît sur notre cœur avec une force écrasante, ou ne s'anéantît lui-même. En effet, le sujet des souffrances du Christ est d'une puissance de douleur si prodigieuse et si sublime, qu'il surpasse et réduit au néant toutes les manières de le représenter, les plus larges autant que les plus pathétiques. C'est pourquoi les grands artistes, aussi bien dans la peinture que dans la musique, ont toujours eu soin de couvrir de fleurs, autant que possible, les horreurs transcendantes de la Passion, et d'adoucir la sanglante vérité des faits par les gracieux jeux d'une tendresse humaine – et c'est ce que fit aussi *signor* Gioacchino Rossini, en composant son *Stabat Mater.*

Cette dernière pièce de musique, le *Stabat* de Rossini, fut le grand événement de la saison passée ; la discussion de ce chef-d'œuvre est toujours à l'ordre du jour, et justement les reproches qu'au point de vue de l'Allemagne septentrionale on élève contre le grand *maestro* attestent d'une manière frappante l'originalité et la profondeur de son génie. "L'exécution est trop mondaine, trop sensuelle, trop folâtre pour ce sujet idéal, elle est trop légère, trop agréable, trop amusante." – Telles sont les plaintes chagrines de quelques aristarques lourds et ennuyeux qui, s'ils ne feignent pas à dessein une spiritualité outrée, se sont du moins approprié par des études stériles des notions très bornées et très erronées de la musique sacrée. Comme chez les peintres, il règne aussi chez les musiciens une idée toute fausse sur la manière de traiter les sujets religieux. Les peintres pensent que les sujets vraiment chrétiens doivent être représentés avec des contours subtils et exigus, et sous des formes aussi étiolées et aussi décolorées que possible ; les dessins d'Overbeck sont leur prototype à cet égard. Pour contredire cet aveuglement par un fait, je rappelle ici les tableaux de saints de l'école espagnole ; là domine l'ampleur des contours et la vivacité de la couleur, et cependant personne ne disconviendra que ces peintures espagnoles respirent le christianisme le plus spiritualisé et le plus idéal, et que leurs auteurs n'étaient certainement pas moins imbus de foi que les maîtres célèbres de nos jours qui ont embrassé à Rome le catholicisme afin de pouvoir peindre ses symboles sacrés avec une ferveur et une spontanéité ingénue que donne, selon leur idée, seulement l'extase de la foi*. Le véritable caractère de l'art chrétien ne réside pas dans la maigreur et la pâleur du corps, mais dans une certaine effervescence de l'âme que le musicien, non plus que le peintre, ne saurait s'approprier ni par le baptême ni par l'étude ; et, sous ce rapport, je trouve au *Stabat* de Rossini un caractère chrétien plus véritable qu'au *Paulus* de Félix Mendelssohn-Bartholdy, oratorio que les adversaires de Rossini préconisent comme un modèle du genre chrétien.

Le ciel me préserve de vouloir exprimer par là un blâme contre un maître aussi rempli de mérites que le compositeur du *Paulus*, et l'auteur de ces lettres songera moins que tout autre à vouloir critiquer le caractère chrétien de l'oratorio en question, par des raisons cléricales, ou pour ainsi dire pharisiennes. Je ne puis pourtant pas me dispenser d'indiquer qu'à l'âge où M. Mendelssohn commença le christianisme à Berlin (il n'a été baptisé que dans sa treizième année), Rossini l'avait déjà quelque peu déserté et s'était abîmé entièrement dans la musique mondaine des opéras. Maintenant qu'il a de nouveau abandonné celle-ci pour se reporter en rêve dans les souvenirs catholiques de sa première jeunesse, dans les temps où il chantait comme enfant de chœur dans la basilique de Pesaro, et où il prenait part comme acolyte à l'office de la sainte messe – maintenant que les anciens sons de l'orgue ont de nouveau résonné dans sa mémoire et lui ont

* Les Nazaréens.

fait saisir la plume pour écrire un *Stabat* ; il n'a certes pas eu besoin de construire d'abord scientifiquement le génie du christianisme, et encore moins de copier en esclave les œuvres de Haendel ou de Sébastien Bach ; il lui a suffi de ranimer dans son âme les accents qui y vivaient dans sa plus tendre enfance ; et, chose remarquable ! quelque sérieux et douloureusement profond que soit le ton dont ces accents sacrés retentissent, quelle que soit la véhémence avec laquelle ils gémissent et saignent en exprimant les sentiments les plus violents et les plus passionnés, ils ont cependant gardé quelque chose d'enfantin, et ils m'ont rappelé la représentation de la Passion par des enfants que j'avais vue à Sète. Oui, je me suis rappelé involontairement cette pieuse petite mascarade, lorsque j'assistai pour la première fois à l'exécution du *Stabat* de Rossini : l'immense et sublime martyre du Rédempteur y était représenté, mais dans les plus naïfs accents de jeunesse ; les navrantes plaintes de la *mater dolorosa* s'exhalaient, mais comme du gosier d'innocentes petites fillettes ; à côté des crêpes noirs du deuil le plus poignant bruissaient les ailes de tous les Amours de la grâce ; les horreurs du supplice de la croix étaient adoucies comme par les jeux folâtres des bergers, et le sentiment de l'infini embrassait et renfermait le vaste ensemble, comme le ciel d'azur qui brillait sur la procession de Sète, comme la mer azurée au bord de laquelle elle défilait aux sons du chant et de la musique ! Voilà le charme éternel de Rossini, sa suavité indestructible que les tracasseries d'aucun impresario ni d'aucun marchand de musique n'ont pu abîmer ou seulement troubler ! Avec quelque méchanceté, quelque astuce raffinée qu'il ait souvent été maltraité dans sa vie, nous ne trouvons pourtant dans ses productions musicales aucune trace de fiel. Semblable à l'antique source d'Aréthuse qui conservait sa douceur primitive, même après avoir traversé les eaux amères de l'Océan, le cœur de Rossini a conservé son aménité et sa douceur mélodieuses, bien qu'il ait goûté à satiété de tous les calices d'absinthe de ce monde.

Comme je l'ai dit, le *Stabat* du grand *maestro* a été cette année la production prédominante de la saison musicale. Je n'ai besoin d'entrer dans aucun détail sur la première exécution, qui a toujours le privilège de donner le ton ; il suffit de mentionner que les Italiens ont chanté. La salle de l'Opéra-Italien semblait être le parvis du ciel : là soupiraient des rossignols sacrés, là coulaient les larmes les plus *fashionable. La France musicale* donna également dans ses concerts la plus grande partie du *Stabat*, et, comme il va sans dire, avec des applaudissements inouïs. Dans ces concerts nous entendîmes aussi le *Paulus* de M. Félix Mendelssohn-Bartholdy, qui attira notre attention justement par ce rapprochement, et qui provoqua de lui-même la comparaison avec Rossini. Dans la masse du public, cette comparaison ne tourna nullement à l'avantage de notre jeune compatriote : c'est aussi comme si l'on comparait les Apennins de l'Italie au monticule de Templow près de Berlin. Mais le monticule de Templow n'en a pas moins ses mérites, et il se concilie le respect de la multitude déjà parce qu'il porte une croix sur son sommet. "Sous ce signe tu vaincras !" Non pas à la vérité en France, le pays de l'incrédulité, où M. Mendelssohn a toujours fait fiasco. Il fut l'agneau sacrifié de la saison, tandis que Rossini a été le lion musical dont le rugissement retentit toujours. On dit ici que M. Félix Mendelssohn viendra sous peu en personne à Paris. Une chose certaine du moins, c'est que par l'intercession de piétistes et de diplomates d'un grand pouvoir, M. Léon Pillet a été amené à faire confectionner par M. Scribe un *libretto* dont M. Mendelssohn doit composer la musique pour le Grand Opéra. Notre jeune compatriote accomplira-t-il avec bonheur cette tâche scabreuse ? Je ne sais. Son aptitude artistique est grande, mais elle a des bornes et des lacunes qui donnent à réfléchir. Sous le rapport du talent, je trouve une grande ressemblance entre M. Félix Mendelssohn et Mlle Rachel Félix*, l'artiste tragique. Ce qui leur appartient en propre à tous deux, c'est une grande sévérité, un sérieux très sérieux, un penchant prononcé de s'appuyer sur le marbre imposant des modèles classiques, le don du calcul le plus fin et le plus spirituel, une grande pénétration, et enfin le manque total de naïveté.

* Elizabeth Rachel Félix, dite Mlle Rachel (1821-1858), célèbre tragédienne du Théâtre-Français.

Mais le génie dans l'art n'est-il pas toujours accompagné de naïveté ? Jusqu'à ce jour nous ne l'avons jamais rencontré sans cet accompagnement obligé.

VIII

20 mars 1843

L'ennui qu'exhale la tragédie classique des Français n'a été mieux compris de personne que cette bonne bourgeoise sous Louis XIV qui disait à ses enfants : "N'enviez pas la noblesse et pardonnez-lui son orgueil, car pour ce péché elle est condamnée par le ciel à aller chaque soir s'ennuyer à mort au Théâtre-Français." L'Ancien Régime a cessé, et le sceptre est tombé aux mains de la bourgeoisie ; mais il faut que ces nouveaux dominateurs aient également bien des torts à expier, puisque le courroux des dieux les frappe encore plus fâcheusement que leurs prédécesseurs dans l'Empire : car ils sont forcés non seulement de vider chaque soir la coupe classique avec la lie moisie de l'antique breuvage somnifère que leur offre Mlle Rachel, mais encore d'avaler la desserte de la cuisine romantique d'Allemagne, de la choucroute versifiée, les *Burgraves* de M. Victor Hugo ! Je ne veux pas perdre une parole sur la valeur de cet ouvrage indigeste qui se présente avec toutes sortes de prétentions, notamment avec des prétentions historiques, bien que tout le savoir de Victor Hugo, sur le temps et le lieu où se joue sa pièce, soit puisé uniquement dans la traduction française du *Manuel* de Schreiber à l'usage des voyageurs sur les bords du Rhin. L'homme qui a osé prononcer publiquement, il y a un an, dans une séance de l'Académie, ces mots : “La pensée allemande est rentrée dans l'ombre” – cet aigle gigantesque de la poésie a-t-il en effet cette fois surpassé si puissamment ses contemporains ? Vraiment, pas le moins du monde. Son œuvre ne témoigne ni d'abondance d'imagination, ni d'harmonie, ni d'enthousiasme, ni de liberté de pensée ; elle ne renferme aucune étincelle de génie, au contraire il n'y a rien que de l'afféterie peu naturelle et de la déclamation bigarrée. Ce sont des figures de bois anguleuses, surchargées de clinquants sans goût, et maniées à l'aide de ficelles visibles : lugubre jeu de marionnettes, singerie convulsive et hideuse de la vie ; partout un étalage de passion d'emprunt. Rien ne me répugne autant que cette passion de M. Hugo qui gesticule et se démène d'une façon si bouillante, qui brûle si magnifiquement au-dehors, et qui au-dedans est si piteusement sobre et glaciale. Cette passion à froid, qui nous est servie dans des phrases si flamboyantes, me rappelle toujours les glaces frites que les Chinois savent si artistement apprêter en tenant de petits morceaux de glace enveloppés d'une couche très mince de pâte quelques instants sur le feu : friandise antithétique qu'il faut avaler précipitamment, et qui vous brûle la lèvre et la langue en vous refroidissant l'estomac.

Mais la bourgeoisie régnante n'a pas seulement, pour le rachat de ses fautes, à endurer de vieilles tragédies gréco-classiques et des trilogies de *Burgraves*, de l'ennui triplé ; non, les puissances célestes lui ont encore infligé une jouissance d'art bien plus horrible, celle du piano-forte, auquel on ne peut plus maintenant échapper nulle part, qu'on entend résonner dans toutes les maisons, en toute société, le jour et la nuit. Oui, piano-forte est le nom de l'instrument de torture par lequel le beau monde de nos jours est tout particulièrement châtié pour toutes ses usurpations. Si seulement l'innocent n'avait pas à souffrir avec le coupable ! Ce sempiternel carillon sur le clavecin n'est plus à supporter ! (Hélas ! mes voisines d'appartement, de jeunes filles d'Albion, jouent dans ce moment un brillant morceau de piano à deux mains gauches.) Ces sons criards et durs, sans gradation naturelle en s'élevant et en mourant, ces notes stridentes et sèches, ces roulements archiprosaïques, tantôt sourds, tantôt aigus, ce forte-piano enfin tue toutes nos pensées et tous nos sentiments, et nous devenons hébétés, abasourdis, idiots. Cette rage universelle de tapoter sur le piano, et surtout les tournées triomphantes des virtuoses du clavecin*, sont caractéristiques pour notre époque, et marquent spécialement la victoire des arts mécaniques sur l'esprit. La perfection technique, la précision d'un automate, l'identification

* Ironie évidente, le clavecin étant totalement démodé à l'époque.

du musicien avec le bois tendu de cordes, la transformation de l'homme en instrument sonore, voilà ce qui est aujourd'hui prôné et exalté comme le comble de l'art. Semblables à des essaims de sauterelles, les tapoteurs du piano-forte s'abattent chaque hiver sur Paris, moins pour y gagner de l'argent que pour s'y faire un nom, qui leur procure dans d'autres pays une moisson pécuniaire d'autant plus abondante. Paris leur sert en quelque sorte de poteau d'affiches, où leur gloire est imprimée en lettres colossales. Je dis que leur gloire est ici imprimée, car c'est la presse de Paris qui l'annonce au monde croyant, et ces virtuoses s'entendent en véritables virtuoses à l'art d'exploiter les journaux et les journalistes. Ils savent même gagner prise sur les plus récalcitrants, car les hommes sont toujours des hommes, ils sont sensibles à la flatterie, ils aiment aussi à jouer un rôle de protecteur, et, comme dit le proverbe, une main lave l'autre ; mais la moins propre est rarement la main du journaliste, et même le louangeur vénal n'est au fond qu'un innocent abusé, qu'on paie à moitié de futiles caresses. On parle de la corruptibilité de la presse ; on se trompe fort. Au contraire, la presse est ordinairement dupée, principalement de la part des virtuoses célèbres. A proprement parler, ils sont tous célèbres, c'est-à-dire dans les réclames qu'ils faufilent dans les gazettes, soit personnellement, en leur propre et célèbre personne, soit par l'intermédiaire d'un frère ou de madame leur mère. C'est à peine croyable, avec quelles humbles instances ils sollicitent dans les bureaux des journaux le plus mince tribut d'éloges, et combien, à cet effet, ils se courbent et se tortillent ! Lorsque j'étais encore en grande faveur auprès du directeur de la *Gazette musicale* – hélas ! j'ai perdu cette grande faveur par une étourderie juvénile – j'avais les meilleures occasions de voir de mes propres yeux avec quelle soumission ces illustres artistes se prosternaient à ses pieds, et rampaient, et frétillaient devant lui pour être un tout petit peu loués dans son journal ; et sur le compte de nos virtuoses les plus célèbres, qui, à l'égal de rois victorieux, se font rendre hommage dans toutes les capitales de l'Europe, on pourrait bien dire, à la façon de Béranger*, que sur leurs couronnes de laurier on voit encore la poussière des bottes de Maurice Schlesinger. A quel point ces piètres artisans de l'art spéculent sur notre crédulité, on n'en a pas d'idée, à moins qu'on n'observe ici sur les lieux leur infatigable industrie. Dans les bureaux de la *Gazette musicale*, je rencontrai un jour un vieillard déguenillé, qui s'annonça comme le père d'un célèbre virtuose, et pria les rédacteurs de vouloir bien insérer dans les colonnes du journal une réclame destinée à porter à la connaissance du public quelques traits généreux de la vie artistique de son fils. Le célèbre virtuose avait donné quelque part dans le Midi de la France un concert couronné d'un succès colossal, et avec la recette il avait soutenu

* Célèbre poète et chansonnier de l'époque romantique (1780-1857).

une vieille église gothique qui menaçait ruine ; une autre fois il avait joué pour une veuve, victime d'une inondation, ou bien pour un maître d'école septuagénaire, qui venait de perdre son unique vache, etc. Dans le cours de notre entretien avec le père de ce bienfaiteur de l'humanité, le pauvre vieillard avoua tout naïvement que monsieur son fils ne faisait pas à la vérité pour lui tout ce qu'il pourrait bien faire, et qu'il le laissait même parfois un petit peu dans le dénuement. Je conseillerais au célèbre virtuose de donner une fois aussi un concert au profit des vieilles culottes délabrées de son vieux père.

Quand on a été témoin de pareilles misères, on ne peut vraiment plus en vouloir aux étudiants suédois, qui se prononcèrent un peu trop rudement contre l'abus de la glorification des virtuoses, et préparèrent au célèbre Ole Bull, à son arrivée à Uppsala, l'ovation étrange qui dernièrement a fait rire tout le monde. Le célèbre virtuose croyait déjà qu'on allait dételer les chevaux de sa voiture pour se mettre à leur place, il s'attendait déjà à des couronnes de fleurs et à des promenades aux flambeaux, lorsqu'il reçut une volée tout inattendue de coups de bâton d'honneur, surprise véritablement scandinave.

Les matadors de la saison étaient cette année MM. Sivori et Dreyschock. Le premier est violoniste, et déjà comme tel je le place au-dessus de ce dernier, le terrible joueur de piano. Chez les violonistes en général, la qualité de virtuose n'est pas exclusivement le résultat d'une dextérité mécanique, d'un simple talent technique, comme chez les pianistes. Le violon est un instrument qui a presque des caprices humains, et qui se trouve en quelque sorte en rapport sympathique avec la disposition de l'artiste : le moindre malaise, le plus léger trouble de l'âme, un souffle de sentiment, rencontre là un écho immédiat, dont la cause est sans doute en ce que le violon, serré si étroitement contre notre cœur, en ressent aussi les battements. Pareille chose n'a cependant lieu qu'avec des artistes qui portent réellement dans leur poitrine un cœur sensible, qui ont en un mot une âme. Plus le violoniste est prosaïque et froid, plus son exécution sera toujours uniforme ; il peut compter sur la fidélité de son instrument, à toute heure en tout endroit. Mais cette assurance tant vantée ne repose que dans l'étroitesse de l'esprit, et ce sont justement les plus grands maîtres dont le jeu dépendait souvent d'influences extérieures et intérieures. Je n'ai entendu personne jouer mieux, mais aussi par moments pis, que Paganini, et je puis dire la même chose à l'éloge d'Ernst. Ce dernier, Ernst, qui est sans doute le plus grand violoniste de nos jours, ressemble à Paganini dans ses défauts, comme dans son génie. L'absence d'Ernst causa bien des regrets ici cet hiver. *Signor* Sivori n'offrait qu'une simple compensation, mais nous l'avons néanmoins entendu avec beaucoup de plaisir. Comme il est né à Gênes, et que dans son enfance il a peut-être souvent rencontré Paganini dans les étroites rues de sa ville natale, où il est difficile de s'éviter, on l'a proclamé ici comme un disciple de ce maître. Non, Paganini n'eut jamais de disciple, il n'en pouvait point avoir, car ce qu'il avait de meilleur, ce qui forme le degré le plus élevé de l'art, on ne peut l'enseigner ni l'apprendre.

Qu'est-ce qui forme le degré le plus élevé de l'art ? Ce qui forme aussi le degré le plus élevé dans toutes les autres manifestations de la vie : la liberté de l'esprit qui a conscience de lui-même. Non seulement une pièce de musique, qui a été composée dans la plénitude de cette conscience de soi-même d'un esprit libre, mais encore la seule exécution d'une semblable pièce peut être regardée comme la révélation de ce qu'il y a de plus élevé dans l'art, si nous en sommes touchés comme de ce merveilleux souffle de l'infini, qui atteste d'une façon immédiate que l'exécutant se trouve avec le compositeur sur la même hauteur de l'esprit, qu'il est également un esprit libre. Mais, cette conscience de la liberté d'esprit dans l'art se manifeste tout particulièrement par la forme, par la manière dont le sujet est traité, nullement par le sujet lui-même, et nous pouvons au contraire soutenir que les artistes qui choisissent pour sujet la liberté elle-même, ou la conquête de la liberté, sont ordinairement d'un esprit rétréci, engourdi, enfin dépourvus eux-mêmes de toute liberté spirituelle. Cette observation se confirme de nos jours surtout dans la poésie allemande, où nous voyons avec effroi que les chantres les plus effrénés et les plus hardis de la liberté ne sont, pour la plupart, à les regarder de près, que des natures bornées, mesquines, étriquées, des philistins du passé dont la vieille queue est mal cachée sous le bonnet rouge, des insectes éphémères dont le poète dirait :

Piètres mouches enragées !
Comme elles bourdonnent avec colère !
Comme elles dégouttent sur le nez des tyrans
Leur petite fiente de mouches !

Les poètes véritablement grands ont toujours traité les grands intérêts de leur temps autrement que dans des articles politiques rimés, et ils se sont peu souciés de voir la foule servile dont le manque de culture leur répugne élever contre eux le reproche d'aristocratisme et de manque de caractère.

IX

26 mars 1843

Comme les phénomènes les plus marquants de la saison musicale de cette année j'ai nommé MM. Sivori et Dreyschock. Ce dernier a recueilli les applaudissements les plus chaleureux, et je réfère fidèlement que l'opinion publique l'a proclamé comme un des plus grands virtuoses du piano-forte, et l'a placé à côté des plus célèbres de ses compétiteurs. Il fait un tintamarre infernal. Comme pendant la soirée de son concert le vent était au nord-ouest, vous avez peut-être pu entendre à Augsbourg ces sons puissants ; à une telle distance, leur effet est sans doute agréable. Mais ici, dans le département de la Seine, notre tympan court le risque de se briser quand cet impétueux joueur de piano fait éclater ses orages. Pends-toi, ô Franz Liszt ! tu n'es qu'un subalterne souffleur, en comparaison de cet Eole, qui attache ensemble les ouragans comme des brins de bouleau, et qui en fouette le dos de la mer. Les anciens pianistes tombent maintenant de plus en plus dans l'oubli, et ces pauvres invalides décrépits de la gloire expient durement aujourd'hui d'avoir été trop appréciés dans leur jeunesse. Kalkbrenner seul se maintient encore un peu. Il s'est de nouveau produit publiquement cet hiver, dans le concert d'une de ses élèves ; autour de ses lèvres se joue toujours ce sourire embaumé, que nous avons remarqué l'autre jour aussi chez un pharaon égyptien lorsqu'on déballa sa momie dans une salle du musée de Paris. Après une absence de plus de vingt-cinq ans, Kalkbrenner a dernièrement visité de nouveau le théâtre de ses premiers succès, c'est-à-dire Londres, et il y a récolté les plus éclatants témoignages d'approbation. Le meilleur de l'affaire, c'est qu'il est revenu ici sain et sauf, et que sa présence à Paris donne un démenti à tous les bruits sinistres et calomnieux qui avaient couru sur son compte. Il est revenu sain et sauf, les poches pleines de guinées et la tête plus vide que jamais. Il revient en triomphateur, et il nous raconte combien Sa Majesté la reine d'Angleterre a été enchantée de le voir si bien portant, et combien elle s'est sentie flattée de sa visite à Windsor ou dans quelque autre château dont j'ai oublié le nom. Oui, le grand Kalkbrenner est revenu sain et sauf à sa résidence de Paris, où il a retrouvé également en bonne santé tous ses admirateurs, ses magnifiques piano-forte qu'il fabrique de compagnie avec M. Pleyel, ses nombreux élèves qui se composent de tous les artistes auxquels il a parlé seulement une fois dans sa vie, et enfin sa collection de tableaux dont il prétend qu'aucun prince ne pourrait la payer. Il va sans dire qu'il a aussi retrouvé ici ce petit garçon de huit ans qu'il appelle monsieur son fils, et à qui il accorde encore plus de talent musical qu'à lui-même, le déclarant supérieur à Mozart. Ce petit bonhomme lymphatique et maladivement boursouflé, qui dans tous les cas dépasse déjà monsieur son père sous le rapport de la modestie, écoute son propre éloge avec le plus imperturbable sang-froid ; et de l'air d'un vieillard ennuyé et fatigué des honneurs et des ovations du monde, il raconte lui-même ses succès à la cour, où les belles princesses lui auraient baisé sa petite main blanche. L'outrecuidance de ce petit, de ce fœtus blasé, est aussi rebutante que comique. Je ne sais si M. Kalkbrenner a également retrouvé à Paris la brave marchande de poissons qui lui céda un jour ce fameux turbot que le cuisinier en chef du prince de Bénévent, Talleyrand-Périgord, ancien évêque d'Autun, avait déjà commandé pour son maître. – La poissarde avait longtemps refusé de céder le susdit turbot au célèbre pianiste, qui s'était rendu incognito à la halle aux poissons ; mais lorsque Kalkbrenner tira en souriant sa carte de son portefeuille et la déposa sur le turbot, et que la pauvre femme y lut le nom de Kalkbrenner, elle ordonna sur-le-champ de porter le poisson à la demeure de l'illustre artiste, se refusant même pendant longtemps à accepter le moindre paiement, attendu qu'elle était suffisamment payée, comme elle disait, par l'excès d'honneur. Un tel *canard* cause du dépit à plus d'un dindon allemand, sans doute parce qu'il n'est pas lui-même en état de faire valoir sa suffisance d'une façon aussi brillante, et parce qu'en outre il envie à M. Kalkbrenner sa mine comme il faut, sa mise élégante et tirée à quatre épingles, ses manières fines et distinguées. Je dis distinguées quoiqu'elles ne soient que recherchées, et qu'un observateur attentif voie se mêler à sa conversation bien des berlinismes des plus populaciers qui dénotent une extraction de bas étage. Koreff a un jour très bien défini ces allures doucereuses de Kalkbrenner, qui étaient toujours entachées de quelque vulgarité ; il disait avec autant d'esprit que de justesse : "Cet homme a l'air d'un bonbon qui serait tombé dans la boue."

Un contemporain de M. Kalkbrenner est M. Pixis, et bien qu'il soit d'un ordre inférieur, nous le mentionnerons cependant ici comme curiosité. Mais M. Pixis est-il réellement encore en vie ? Lui-même prétend que oui, et il invoque à ce sujet le témoignage de M. Sina, le célèbre baigneur de Boulogne, qu'il ne faut pas confondre avec le mont Sinaï. Nous voulons en croire ce brave dompteur des vagues, quoique beaucoup de méchantes langues affirment même que M. Pixis n'a jamais existé. Non, ce dernier est un homme qui vit réellement ; je dis homme, bien qu'un zoologue lui donnerait assurément un nom à plus longue queue. M. Pixis vint à Paris déjà à l'époque de l'invasion, au moment où l'Apollon du Belvédère fut restitué aux Romains et dut quitter Paris. L'acquisition de M. Pixis devait offrir aux Français quelque dédommagement. Il touchait du piano, et composait aussi en musique d'une manière très gentille, et ses petites productions musicales étaient surtout estimées des marchands d'oiseaux, qui dressent des serins pour le chant au moyen de la serinette. Ces petites créatures jaunes n'avaient besoin que d'entendre une seule fois seriner une composition de M. Pixis, pour qu'elles la comprissent aussitôt et se missent à la répéter avec le plus doux gazouillement, au point que chacun en était réjoui et applaudissait en criant : *Pixissimé !* Depuis que les Bourbons de la branche aînée ont quitté la scène, on ne crie plus : *Pixissimé !* les nouveaux serins demandent de nouvelles mélodies. Par son air extérieur, physique, M. Pixis se fait encore quelque peu remarquer ; c'est qu'il a le plus grand nez dans le monde musical, et pour bien faire ressortir cette spécialité, il se montre souvent en compagnie d'un compositeur de romances sentimentales qui n'a pas de nez du tout, et qui pour ce mérite a reçu, il n'y a pas longtemps, la croix de la Légion d'honneur ; car ce n'est certainement pas à cause de sa musique, que cet individu a été gratifié de cette décoration. On dit qu'il sera aussi nommé directeur du Grand Opéra, pour la raison qu'il est le seul homme capable d'offrir quelque garantie que le *maestro* Giacomo Meyerbeer ne le mène pas par le nez.

Parmi les pianistes établis à Paris et jouissant actuellement d'une grande vogue se trouvent Hallé et Edouard Wolf, mais nous ne mentionnerons particulièrement que ce dernier parce qu'il se distingue en même temps comme compositeur. Edouard Wolf est fécond et plein de verve. Etienne Heller est plutôt compositeur que virtuose, bien qu'il soit fort estimé aussi pour la perfection avec laquelle il joue du piano. Ses productions musicales portent toutes le cachet d'un talent distingué, et il compte déjà dans ce moment parmi les grands maîtres. C'est un vrai artiste, sans affectation, sans exagération ; un esprit romantique dans une forme classique. Thalberg est déjà depuis deux mois à Paris, mais il ne veut donner aucun concert lui-même ; ce n'est qu'au concert d'un de ses amis qu'il jouera publiquement cette semaine. Cet artiste se distingue très avantageusement de ses collègues du piano, je dirais presque par ses bonnes manières musicales. Comme dans sa vie, Thalberg montre aussi dans son art le tact qui lui est naturel, son exécution est parfaitement *gentlemanlike*, parfaitement aisée et comme il faut, tout à fait exempte de grimaces, tout à fait sans ces airs forcés de supériorité, sans cette forfanterie de mauvais goût qui cache très mal la faiblesse intérieure. Les femmes bien portantes l'aiment. Les femmes maladives n'ont pas moins d'affection pour lui, quoiqu'il ne mette pas leur pitié à contribution par des accès épileptiques sur le piano, quoiqu'il ne spécule pas sur leurs nerfs trop délicats, quoiqu'il ne les électrise ni ne les galvanise aucunement ; qualités négatives mais non moins méritoires. Il n'y a qu'un seul pianiste que je lui préfère, Chopin qui, il est vrai, est plutôt compositeur que virtuose. Près de Chopin j'oublie tout à fait le jeu du pianiste passé maître, et je m'enfonce dans les doux abîmes de sa musique, dans les douloureuses délices de ses créations aussi exquises que profondes. Chopin est le grand poète musical, l'artiste de génie qu'il ne faudrait nommer qu'en compagnie de Mozart, de Beethoven, de Rossini ou de Berlioz.

Dans les soi-disant théâtres lyriques, les nouveautés n'ont pas fait défaut cet hiver. Les Bouffes nous ont donné *Don Pasquale*, nouvel ouvrage de *signor* Donizetti. Cet Italien ne manque pas non plus de succès, son talent est grand, mais plus grande encore est sa fécondité pour laquelle il ne le cède qu'aux lapins. A l'Opéra-Comique nous vîmes *La Part du Diable*, texte de Scribe, musique d'Auber ; le poète et le compositeur s'accordent ici parfaitement, ils se ressemblent d'une façon étonnante dans leurs qualités comme dans leurs imperfections. Tous deux ont beaucoup d'esprit, beaucoup de grâce, beaucoup d'invention, même de la passion ; il ne manque à l'un rien que la poésie et à l'autre que la musique. La pièce trouve son public et fait toujours salle comble.

Au Grand Opéra, on a donné ces jours-ci *Charles VI*, texte de Delavigne, musique de Halévy. Je ne sais pas si le premier est le grand poète de ce nom. Dans ce cas ici il y aurait aussi entre le poète et le compositeur une ressemblance congéniale. Ils ont su tous deux augmenter leur aptitude naturelle par des efforts nobles et consciencieux, et ils se sont formés plutôt par la discipline de l'école que par une fougue expansive et primesautière. C'est pourquoi ils ne sont jamais tombés ni l'un ni l'autre dans le genre tout à fait mauvais, comme il arrive parfois au génie d'une originalité excessive ; ils ont toujours produit quelque chose d'agréable, de beau, de respectable, d'académique, de classique. Tous deux sont avec cela des natures également nobles, également dignes, et dans un temps où l'or se cache avec tant d'avarice, nous ne voulons pas trop déprécier l'argent qui a cours. *Le Hollandais volant* de Dietch a depuis fait tristement naufrage ; je n'ai pas entendu cet opéra, j'ai seulement vu le *libretto*, et j'y ai remarqué avec déplaisir combien cette belle fable qu'un auteur allemand de votre connaissance (Henri Heine) avait imaginée d'une façon tout à fait adaptée à la scène, a été détériorée par un plagiaire dans le texte français.

En correspondant consciencieux, je ne puis passer sous silence que parmi les compatriotes allemands séjournant à Paris se trouve aussi l'excellent maître Conradin Kreutzer. Conradin Kreutzer s'est acquis ici une considération hors ligne par le *Nachtlager de Grenade*, représenté l'hiver dernier à Paris par une troupe allemande, qui y est presque morte de faim. L'inestimable maître m'est déjà connu depuis les jours de ma première jeunesse, où ses compositions de romances me ravissaient ; encore aujourd'hui elles résonnent dans mon âme avec leur charme printanier. M. Kreutzer me dit qu'il mettra en musique un *libretto* pour l'Opéra-Comique. Puisse-t-il réussir à ne pas trébucher sur ce sentier glissant, et à ne pas être mystifié par les roués raffinés du monde des planches de Paris, comme il est arrivé à tant d'Allemands avant lui, qui avaient même l'avantage de posséder moins de talent que M. Kreutzer, et qui savaient en tout cas se mouvoir plus lestement sur le périlleux sol parisien ! Quelles tristes expériences n'eut pas à faire M. Richard Wagner, qui, à la fin, écoutant la voix de la raison et de l'estomac, abandonna prudemment le dangereux projet de prendre pied sur la scène française, et s'en retourna dans le pays des pommes de terre d'outre-Rhin ! Plus avantageusement équipé sous le rapport matériel et industrieux est le vieux M. de Sauer qui, comme il prétend, compose un opéra sur la demande de la direction de l'Opéra-Comique. Le texte lui est fourni par M. Scribe, contre la garantie prêtée à ce dernier par une maison de banque de Paris, qu'en cas d'une chute du vieux de Sauer, le célèbre fabricant de *libretti* recevra une somme considérable, à titre de dédit ou de dommages et intérêts. Il a raison, en effet, de se prémunir, vu que le vieux de Sauer n'est pas fort sur ses jambes, et qu'il souffre d'un mal dont il se plaint continuellement de la façon la plus lamentable, et qu'il appelle sa mélancolique. Mais qui est le vieux de Sauer ? Ce n'est sans doute pas l'ancien vieux Dessauer qui, en sa qualité de général prussien, a gagné tant de lauriers dans la guerre de Sept Ans, et dont une marche qui porte son nom est devenue si célèbre ; la statue qui fut élevée à sa mémoire dans le jardin du château royal de Berlin est tombée depuis. Non, cher lecteur ! le de Sauer dont nous parlons n'a jamais gagné de lauriers, il n'a pas non plus composé de célèbres marches, et encore moins lui a-t-on dressé une statue tombée depuis. Ce n'est pas le vieux Dessauer de Prusse ; aussi écrit-on tout autrement son nom, qui n'est qu'un nom de guerre, ou peut-être un sobriquet qu'on lui a donné, à cause de sa mine vieillotte, piteuse et courbée en forme de dos de chat. C'est un vieux jouvenceau très mal conservé. Il n'est pas prussien, au contraire, il est autrichien, né à Prague, où il possède dans le quartier hébreu deux grandes maisons assez propres ; aussi à Vienne, dit-on, il possède une propre maison, et il est encore en outre réputé assez riche. Il n'a donc pas besoin de composer, comme dirait la vieille Mosson, la belle-mère du grand Giacomo Meyerbeer. Mais par prédilection pour l'art, il négligea ses affaires commerciales, s'occupa de musique, et composa de bonne heure un opéra, qui, grâce à une noble persévérance, arriva sur la scène et y fut représenté une fois et demie. De même qu'à Prague, le vieux de Sauer s'efforça aussi à Vienne de mettre en relief ses talents, mais la clique engouée de Mozart, de Beethoven et de Schubert ne le laissa pas percer ; on ne le comprit pas, ce qui s'explique peut-être par son baragouin bohémien et par une prononciation nasillarde de l'allemand, qui rappelle des œufs pourris. Peut-être aussi on le comprenait, et c'est justement pour cela qu'on ne voulait pas en entendre parler. Pour surcroît de maux, il souffrait d'un mal mystérieux dans les intestins de son âme et qu'il nommait sa mélancolique. Pour se rasséréner, il vint à Paris, et là, il gagna la faveur du célèbre M. Maurice Schlesinger, qui édita ses compositions de romances ; comme honoraire, il reçut de son éditeur une montre d'or. Lorsque le vieux de Sauer se rendit quelque temps après chez son protecteur pour lui annoncer que la montre n'allait pas, ce dernier répondit : "Aller ? ai-je dit qu'elle irait ? Vos compositions vont-elles ? J'en suis avec vos compositions au même cran que vous avec ma montre. Elles ne vont pas." Ainsi parla Maurice Schlesinger, le souverain maître des musiciens, en tiraillant les bouts de son faux col et en agitant vivement ses doigts autour de son cou, comme s'il se sentait la cravate tout à coup trop serrée, gestes qu'il a l'habitude de faire quand il se passionne ; car comme tous les grands hommes, il est très passionné. Cette inquiète agitation de ses doigts autour de son cou précède ordinairement, à ce qu'on dit, les plus terribles éclats de sa colère, et le pauvre vieux de Sauer en fut tellement altéré que ce jour-là il eut plus fort que jamais la mélancolique. Son noble protecteur avait tort envers lui. Ce n'est pas de sa faute si ses compositions de romances ne vont pas ; il a fait tout son possible pour les faire aller ; il a, à cet effet, employé ses jambes du matin au soir, et il court après chacun qui pourrait, par quelque réclame dans un journal, faire aller ses romances. Il s'accroche au pan d'habit de tout journaliste, et il nous chante continuellement ses lamentations sur sa mélancolique, et combien une toute petite miette d'éloge pourrait rafraîchir son âme malade. Pour gagner des feuilletonistes peu fortunés, qui travaillent pour de petits journaux, il se sert d'autres appâts, en leur racontant, par exemple, qu'il avait donné dernièrement au rédacteur d'une gazette un déjeuner au *Café de Paris*, qui lui avait coûté quarante-cinq francs et cinquante centimes ; il porte en effet la note, la carte payante de ce déjeuner, constamment dans le gousset de son pantalon, d'où il la tire avec un sourire aigre-doux pour confirmer ses paroles. Oui, le fougueux Schlesinger fait injure au vieux de Sauer en pensant qu'il n'use pas de tous les moyens pour faire aller ses compositions. Il met à contribution non seulement la plume des hommes, mais aussi celle des femmes, et il a trouvé la plume d'une dinde allemande, qui le prône par commisération. Je dis commisération, parce qu'on ne le louerait pas à coup sûr pour ses beaux yeux, ou pour sa jolie figure. Quel visage que le sien ! Sur ce visage, les opinions sont partagées : les uns disent que c'est un vomitif, les autres disent que c'est un laxatif. Du moins il est certain qu'à son aspect je me sens toujours embarrassé par un fâcheux dilemme, ne sachant point pour laquelle des deux opinions je dois me prononcer.

Je dois faire la remarque que j'ai pourtant mal écrit le nom du musicien dont je viens de parler, et que sans doute il se nomme tout à fait comme le vieux Dessauer, le célèbre auteur de la marche dite *Dessauer Marsch*.

Mais, cher lecteur, je vous demande pardon de vous entretenir de pareils moucherons ; toutefois leur bourdonnement importun peut à la fin pousser l'homme le plus patient à saisir le claque-mouches. Et puis j'ai voulu montrer ici quels volatiles du fumier sont prônés par nos honnêtes éditeurs de musique comme des rossignols allemands, comme des successeurs et même des rivaux de Schubert. La popularité de Schubert est très grande à Paris, et son nom est exploité de la manière la plus déhontée. Le plus misérable rebut de romances paraît ici sous le nom simulé de Camille Schubert, et les Français, qui ignorent sans doute que le prénom du véritable Schubert est François, se laissent tromper de la sorte. Pauvre Schubert ! Et quels textes on substitue à ceux de ses compositions ! Ce sont surtout les *Lieder* de Henri Heine, mis en musique par Schubert*, qui ont une grande vogue ici, mais les textes sont si horriblement traduits que le poète fut très satisfait en apprenant combien les éditeurs de musique sont loin de se faire un cas de conscience de taire le nom du vrai auteur, et de mettre sur le titre de ces *Lieder* le nom de quelque obscur parolier français.

Je veux terminer cet article par une bonne action. On me dit que M. Schindler à Cologne, où il est directeur de musique, se chagrine beaucoup d'avoir appris que dans un de mes rapports sur la dernière saison musicale j'ai parlé dédaigneusement de sa

* C'est la seule mention par Heine des lieder du *Schwanengesang*, composés par Schubert sur ses poèmes. Mention qui vaut sans doute mieux que le silence absolu sur les lieder de Schumann qu'il a inspirés.

cravate blanche, et même affirmé que sur ses cartes de visite on avait lu sous son nom ce titre : ami de Beethoven. Il nie cette dernière particularité. Quant à la cravate, je le répète, il en était comme je l'ai dit, et je n'ai jamais vu de monstre plus blanc et plus raide que cette cravate de M. Schindler ; mais à propos de la carte, l'amour de l'humanité m'oblige d'avouer que je doute moi-même du fait que les mots en question s'y soient trouvés. Je n'avais pas inventé cette histoire, mais j'avais peut-être eu trop de propension à la croire, et en réalité l'essentiel pour toute chose en ce monde est plutôt la probabilité que la vérité même. La première prouve qu'on a cru l'homme capable de commettre une telle folie, et elle nous offre la mesure de son véritable caractère, tandis qu'un fait réel peut être en soi un simple effet du hasard sans signification caractéristique. Je n'ai pas vu la carte en question ; en revanche, j'ai vu ces jours-ci, de mes propres yeux, la carte de visite d'un chanteur italien, où étaient gravés les mots suivants : A. Gallinari, neveu du célèbre Rubini.

X

25 avril 1844

A tout seigneur tout honneur. Nous commencerons aujourd'hui par Berlioz, dont le premier concert a été le début de la saison musicale, et lui a pour ainsi dire servi d'ouverture. Les productions plus ou moins nouvelles qu'on y a exécutées ont trouvé un juste tribut d'applaudissements, et même les âmes les plus indolentes furent entraînées par la puissance du génie qui se révèle dans toutes les créations du grand *maestro*. Il y a là un battement d'ailes qui ne montre pas un ordinaire oiseau chanteur, c'est un rossignol colossal, une alouette de grandeur d'aigle, comme il en a existé, dit-on, dans le monde primitif. Oui, la musique de Berlioz en général a pour moi quelque chose de primitif, sinon d'antédiluvien, et elle me fait songer à de gigantesques espèces de bêtes éteintes, à des mammouths, à de fabuleux empires aux péchés fabuleux, à bien des impossibilités entassées ; ces accents magiques nous rappellent Babylone, les jardins suspendus de Sémiramis, les merveilles de Ninive, les audacieux édifices de Mizraïm, tels que nous en voyons sur les tableaux de l'Anglais Martin*. En effet, si nous recherchons des productions analogues dans l'art de la peinture, nous trouvons une parfaite ressemblance ou affinité élective entre Berlioz et l'excentrique Anglais : le même sentiment téméraire du prodigieux, de l'excessif, de l'immensité matérielle. Chez l'un les effets éclatants d'ombre et de lumière, chez l'autre l'instrumentation fougueuse ; chez l'un peu de mélodie, chez l'autre peu de couleur, chez tous les deux parfois l'absence de la beauté et point de naïveté du tout. Leurs œuvres ne sont ni antiques ni romantiques, elles ne rappellent ni la Grèce païenne, ni le catholique Moyen Age, mais elles nous reportent plus haut dans la période de l'architecture assyrico-babylonio-égyptienne, de ces poèmes de pierre qui nous retracent le drame pyramidal de la passion de l'humanité, le mystère éternel du monde.

Quel homme réglé et sensé est, à côté de ces deux fous de génie, notre compatriote vénéré, Félix Mendelssohn-Bartholdy, que nous mentionnons aujourd'hui surtout à cause de la symphonie** de sa composition, qui a été exécutée cet hiver dans la salle de concert du Conservatoire ! Quoique cette symphonie de Mendelssohn y ait été très froidement accueillie, elle mérite cependant l'approbation de tous les vrais connaisseurs. Elle est d'une véritable beauté, et c'est un des meilleurs travaux du jeune *maestro* que toute l'Allemagne admire.

* John Martin (1789-1854), peintre visionnaire anglais *(Josué ordonnant au soleil de s'arrêter).*

** Il s'agit de la *Troisième Symphonie "Ecossaise"*.

Mais comment se fait-il que cet artiste si méritant et si favorablement doué n'ait pu, depuis l'exécution de son oratorio *Paulus*, qu'on imposa l'année dernière au public de Paris, cueillir aucun laurier sur le sol français ? Comment se fait-il qu'ici tous les efforts échouent, et que le dernier moyen désespéré du théâtre de l'Odéon, l'exécution des chœurs d'*Antigone*, n'ait produit également qu'un résultat déplorable ? Mendelssohn nous offre toujours l'occasion de réfléchir aux plus hauts problèmes de l'esthétique. Il nous fait surtout souvenir constamment de cette grande question : quelle est la différence entre l'art et le mensonge ? Nous admirons le plus chez ce maître son grand talent pour la forme, pour le style, son aptitude à s'approprier les choses les plus extraordinaires, sa belle et ravissante facture, sa fine oreille de lézard, ses sensibles et délicates antennes d'escargot, ainsi que son indifférence sérieuse, je dirais presque passionnée. Si nous nous enquérons d'un phénomène semblable dans un art analogue, nous le trouvons cette fois dans la poésie, et il s'appelle Louis Tieck. Ce maître aussi a toujours su reproduire les choses les plus excellentes, soit en écrivant, soit en récitant de vive voix, il s'entendait même à fabriquer des traits naïfs, et cependant il n'a jamais rien créé qui ait subjugué les masses et soit resté vivant dans leur cœur. Mendelssohn, dont le talent surpasse celui de Tieck, réussirait plutôt à créer quelque chose d'éternellement durable, mais ce ne sera pas dans le chant, qui exige avant tout la vérité et la passion, c'est-à-dire sur la scène ; Louis Tieck n'a jamais pu non plus, malgré son désir le plus ardent, arriver à faire quelque chose de bon pour le théâtre.

Outre la symphonie de Mendelssohn, nous avons entendu, au Conservatoire, avec un vif intérêt, une symphonie de feu Mozart et une composition non moins remarquable d'un certain Haendel. Elles ont été accueillies avec de chaleureux applaudissements.

Notre compatriote Ferdinand Hiller jouit parmi les vrais connaisseurs de l'art d'une trop haute considération pour que nous ne puissions point, si grands que soient les noms que nous venons de citer, mentionner le sien en parlant des travaux distingués qui ont rencontré au Conservatoire l'approbation la mieux méritée. Hiller est plutôt musicien d'esprit que de sentiment, et on lui reproche en outre un excès d'érudition. La pensée et le savoir pourraient bien parfois, il est vrai, exercer une influence attiédissante dans les compositions de ce doctrinaire musical, mais en tout cas ses productions sont toujours gracieuses, attrayantes et belles. Il n'y a là aucun vestige d'excentricité grimaçante, Hiller possède une affinité artistique avec son compatriote Wolfgang Goethe. Il est également né à Francfort où, en traversant cette ville pour aller à Paris, j'ai vu sa maison paternelle ; celle-ci porte l'enseigne : *A la grenouille verte*, et l'image d'une grenouille est placée au-dessus de la porte de la maison. Cependant les compositions de Hiller ne rappellent jamais une pareille bête peu musicale, mais seulement des rossignols, des alouettes et d'autres volatiles printaniers.

Il n'y a pas eu cette année non plus manque de concerts de pianistes. Notamment les ides de mars ont été sous ce rapport des jours néfastes. Tout cela tapote et carillonne et veut être entendu, ne fût-ce qu'en apparence, pour pouvoir se donner au-delà de la barrière de Paris les airs d'une grande célébrité. Ces disciples de l'art savent exploiter suffisamment, surtout en Allemagne, le chiffon d'éloges de feuilleton qu'ils obtiennent ici en mendiant ou en intriguant avec bassesse, et dans les réclames en province ou à l'étranger on annonce alors fièrement l'arrivée du célèbre génie, du grand Rodolphe W.*, le rival de Liszt et de Thalberg, le héros du piano-forte, qui a fait à Paris une si grande sensation, et qui a même été loué de tel ou tel roi de la critique, hosanna ! Celui qui a vu par hasard à Paris un pareil insecte, et qui sait en général combien peu on fait ici attention même à des personnages beaucoup plus considérables, celui-là doit bien rire de la crédulité de notre public allemand, qui ajoute foi aux réclames des feuilletons français, sérieusement reproduites dans les journaux d'outre-Rhin. Cependant l'outrecuidance des virtuoses est trop dégoûtante pour s'en amuser longtemps, et puis la cause de ce mal est trop attristante en elle-même, car elle réside dans l'état déplorable de notre presse quotidienne en Allemagne, qui est à son tour le résultat de circonstances politiques plus déplorables encore. Je suis forcé de répéter toujours qu'il n'y a que trois pianistes qui

* Inconnu, à moins que Heine n'ait inventé le personnage…

méritent une attention sérieuse ; ce sont : d'abord Chopin, le ravissant poète musicien, qui malheureusement a été aussi cet hiver très malade et très peu visible pour le public ; ensuite Thalberg, le *gentleman* musical, qui, au bout du compte, n'aurait pas du tout besoin de jouer du piano pour être partout accueilli avec plaisir, et qui semble en effet regarder son talent comme un simple apanage ; et puis notre Liszt, qui en dépit de tous ses travers et de ses aspérités blessantes n'en reste pas moins notre très cher Liszt, et qui dans ce moment met de nouveau en agitation le beau monde de Paris. Oui, il est ici, le grand agitateur, notre Franz Liszt, le chevalier errant de tous les ordres du monde (à l'exception de la croix de la Légion d'honneur, que Louis-Philippe ne veut donner à aucun virtuose) ; il est ici, le conseiller intime de la cour de Hohenzollern-Héchingue, le docteur en philosophie et en doubles croches, le successeur du fameux preneur de rats et séducteur d'enfants de Hameln, le nouveau sorcier Faust qui est toujours suivi d'un caniche transformé en Italien aux cheveux noirs*. Il est ici, l'Amphion moderne qui par ses accords stridents a remué les pierres pour la construction du dôme de Cologne, au point qu'elles se sont jointes ensemble, comme jadis les murailles de Thèbes ! Il est ici, le moderne Homère que l'Allemagne, la Hongrie et la France, les trois plus grands pays réclament comme l'enfant de leur sol, tandis que le chantre de *L'Iliade* n'était revendiqué que

* Belloni, le secrétaire et agent de Liszt (voir p. 132).

par sept petites villes de province ! Il est ici, le nouvel Attila, le fléau de Dieu pour tous les pianos d'Erard, qui frémirent déjà à la nouvelle de sa venue, et qui maintenant tressaillent, saignent et gémissent de nouveau sous sa main, tellement que la société protectrice des bêtes maltraitées devrait intervenir en leur faveur ! Il est ici, le beau, laid, extravagant, mirobolant et parfois très impertinent enfant de son temps, l'enfant terrible de la musique, le nain gigantesque, le Goliath de la petitesse, le Roland furieux brandissant son sabre d'honneur, sa Durendal hongroise*, l'ingénieux fou dont la démence plus ou moins factice nous trouble à nous-même le cerveau, et à qui nous rendons en tout cas le loyal service de porter à la connaissance de tout le monde l'incroyable *furore* qu'il fait ici à Paris. Nous constatons sans restriction le fait de son immense succès ; de quelque façon que nous interprétions ce fait d'après notre opinion privée, et soit que nous accordions ou que nous refusions notre approbation personnelle au virtuose adulé, c'est ce qui lui sera sans doute indifférent, attendu que notre voix n'est que celle d'un homme isolé, et que notre compétence dans l'art musical n'est d'ailleurs pas d'une autorité dangereuse.

Quand autrefois j'entendais parler du vertige qui s'était emparé des esprits en Allemagne, et surtout

* Allusion perfide au sabre remis par les Hongrois à Liszt, lors de son retour à Pest en 1839, honneur légitime qui avait déchaîné sarcasmes et caricatures.

à Berlin, lorsque Liszt s'y est montré, je haussais les épaules de pitié, en me disant : La placide Allemagne, plongée dans son repos dominical, ne veut pas manquer l'occasion de se donner un peu de mouvement licite ; elle veut tant soit peu secouer ses membres somnolents, et mes Abdéritains des bords de la Sprée aiment à se chatouiller les uns les autres de façon à communiquer à leurs sentiments engourdis un certain enthousiasme commun, et alors l'un se met à déclamer à l'instar de l'autre : "Cupidon, maître des hommes et des dieux !" Ils ne font du bruit, pensais-je, que pour le bruit, n'importe quelle en soit l'occasion, et qu'elle se nomme George Herwegh, Franz Liszt ou Fanny Elssler ; si on leur défend Herwegh, ils s'en tiennent à Liszt, qui n'est ni dangereux ni compromettant. C'est ainsi que je pensais, et que je m'expliquais la lisztomanie, que je prenais pour un symptôme du défaut de liberté politique au-delà du Rhin. Pourtant je me suis trompé, et je m'en aperçus la semaine dernière à l'Opéra-Italien, où Liszt donna son premier concert, devant une assemblée qu'on peut à bon titre appeler la fleur de la société parisienne. En tout cas, c'étaient des Parisiens éveillés, des hommes familiarisés avec les plus grands événements de notre époque, et qui ont plus ou moins longtemps assisté ou participé au grand drame du temps ; et parmi eux se trouvaient de nombreux invalides de toutes les jouissances artistiques, les hommes d'action les plus fatigués, des femmes également très fatiguées, parce qu'elles ont dansé la polka pendant tout l'hiver, enfin un nombre considérable de cœurs affairés ou blasés. – Ce n'était donc pas devant un public germanique et sentimental, devant des Berlinois affectés et artificiellement impressionnables, que Liszt a joué ici, et joué tout seul, ou plutôt seulement accompagné de son génie. Et pourtant quel puissant effet, quelle émotion profonde a déjà été produite par sa simple apparition. On le reçut avec un tonnerre d'applaudissements. Des bouquets furent lancés à ses pieds. C'était un coup d'œil sublime que de voir le triomphateur, qui, avec une parfaite tranquillité d'âme, laissait pleuvoir sur lui les bouquets de fleurs, et qui à la fin, avec un gracieux sourire, tira d'un de ces bouquets un camélia rouge, et l'attacha sur sa poitrine. Et il fit cela en présence de quelques jeunes soldats à peine revenus de l'Afrique, où ils avaient vu pleuvoir sur eux, non des fleurs, mais des balles de plomb, et où leur poitrine s'était décorée des camélias rouges de leur sang héroïque, sans qu'ici ou là-bas on y eût fait grande attention. Chose bizarre ! pensai-je, ces Parisiens qui ont vu Napoléon, le grand Napoléon, à qui il fallait livrer bataille sur bataille, et quelles batailles ! afin de les occuper de lui et de remporter leurs suffrages, ces mêmes Parisiens couvrent maintenant d'acclamations notre Franz Liszt ! Et de quelles acclamations ! Une véritable frénésie, comme il n'y en a pas d'exemple dans les annales de la folie ! Mais quelle est la cause de ce fait prodigieux ? La solution d'une pareille question appartient peut-être à la pathologie plutôt qu'à l'esthétique. Un médecin dont la spécialité sont les maladies des femmes, et que j'interrogeais l'autre jour sur le charme incroyable que notre Franz Liszt exerce sur son public, se prit à sourire d'un air très singulier et me débita bien des choses sur le galvanisme, sur l'électricité, sur la contagion dans l'atmosphère chargée et brûlante d'une salle remplie de bougies flamboyantes et d'une foule de personnes parfumées et couvertes de sueur, sur l'épilepsie histrionique, sur les cantharides musicales, sur les phénomènes du chatouillement et sur d'autres matières chatouilleuses qui, je crois, ont rapport aux mystères de la *bona dea*. Cependant il ne faut peut-être pas chercher la solution de la question dans des profondeurs aussi ténébreuses, mais bien au contraire dans un fait très vulgaire. Il me semble parfois que toute la sorcellerie pourrait s'expliquer par la raison que personne au monde ne sait aussi parfaitement que notre Franz Liszt organiser ses succès ou plutôt leur mise en scène. Dans cet art il est un véritable génie, un Philadelphia, un Bosco, un Houdin, voire un Meyerbeer. Les plus grands personnages lui servent gratis de compères, et ses enthousiastes inférieurs et loués sont dressés à merveille pour le louer à leur tour. La mousse pétillante du vin de Champagne et la réputation d'une libéralité prodigue, trompetée par les journaux les plus dignes de foi, sont un appât avec lequel on gagne des recrues dans chaque ville. Toutefois il se pourrait bien que notre Franz Liszt fût réellement très généreux par nature. Je me plais à le croire noble quoique anobli, et je suis persuadé qu'il est exempt de l'amour de l'argent, ce vice crasseux, qui infecte tant de virtuoses, surtout les Italiens, et que nous trouvons même chez le doucereux et suave Rubini, sur l'avarice duquel on raconte une anecdote très plaisante, que je ne puis me refuser de rapporter. Le célèbre chanteur avait, de compagnie avec Franz Liszt, entrepris une tournée d'artiste en compte à demi, et ils devaient partager le profit des concerts qu'ils donneraient dans différentes capitales. Le grand pianiste, qui se fait accompagner en tous lieux par l'intendant général de sa célébrité, le *signor* Belloni, homme très dévoué et, comme on dit, d'une probité très rare chez les *cornacs* des virtuoses, le grand pianiste chargea donc à cette occasion le *signor* Belloni de toutes les fonctions qui concernent la partie banale des affaires. Mais lorsqu'à la fin de sa gérance, le *signor* Belloni rendit ses comptes, Rubini remarqua à sa grande stupéfaction que parmi les dépenses communes le comptable avait marqué aussi une très forte somme pour des couronnes de laurier, des bouquets de fleurs, des poèmes de louange et d'autres frais d'ovation. L'ingénu chanteur s'était imaginé qu'on l'avait comblé de pareilles marques d'approbation à cause de sa belle voix ; se voyant détrompé, le rossignol italien entra dans une colère bouillante et ne voulut point payer les bouquets, dans lesquels se trouvaient peut-être aussi les plus précieux camélias rouges. Si j'étais musicien, cette dispute me fournirait le meilleur sujet d'un opéra bouffe.

Mais, hélas ! n'examinons pas de trop près les hommages que récoltent les célèbres virtuoses. Car après tout, le jour de leur vaine célébrité est extrêmement court, et l'heure arrive bien vite, où le titan musical s'amoindrit au point de n'être plus qu'un ménétrier de très mince stature dans quelque ville de province. Là, dans sa tabagie, où il prend son café ou sa chopine, ou son pot de bière, il raconte alors aux habitués de longues histoires sur sa grandeur d'autrefois, et il proteste sur son honneur qu'on avait lancé à ses pieds des bouquets de fleurs avec les plus beaux camélias, et que même un jour deux comtesses hongroises, pour attraper son mouchoir qui était tombé, se sont jetées elles-mêmes à terre et se sont houspillées au point de s'ensanglanter l'une l'autre ! – Hélas ! la renommée éphémère des virtuoses s'évapore misérablement, sans laisser de trace ni d'écho, comme le hennissement d'un chameau qui traverse les sables du désert.

La transition du chameau au lapin est un peu brusque. Pourtant je ne puis passer sous silence les pianistes moins superbes qui se sont distingués dans la dernière saison. Nous ne pouvons pas tous être de grands prophètes, et il en faut aussi de petits, dont douze font une douzaine. Comme le plus grand d'entre les petits, nous nommerons ici Théodore Doehler. Son jeu est net, joli, gentil, sensible, et il a une manière à part d'étendre sa main tout horizontalement et de ne toucher le clavier qu'avec le bout des doigts recourbés. Après Doehler, c'est Hallé qui parmi les petits prophètes mérite une mention particulière ; c'est encore un Habacuc d'un mérite aussi modeste que véritable. Je ne puis m'empêcher de mentionner ici également M. Schad, qui occupe parmi les pianistes peut-être le même rang que nous accordons à Jonas parmi les petits prophètes ; puisse-t-il n'être jamais avalé par une baleine !

En rapporteur consciencieux, qui ne doit pas seulement rendre compte des nouveautés en fait d'opéras et de concerts, mais aussi de tous les autres sinistres et catastrophes dans le monde musical, je suis forcé de parler des nombreux mariages qui y ont éclaté ou menacent d'éclater. Je parle d'hyménées légitimes, contractés à perpétuité et tout à fait dans les formes convenables, non pas de ce dilettantisme de mariage, qui se prive du maire à l'écharpe tricolore et du goupillon de l'église. Chacun cherche maintenant sa chacune. Messieurs les artistes se dandinent, lancent des œillades aux demoiselles et aux veuves en quête d'époux et s'exercent à entonner des épithalames. Le violon devient le beau-frère de la flûte, la trompette et la timbale s'allient au piano : ils forment une marche triomphale, et nous les verrons bientôt défiler les cors en tête. Un des trois pianistes les plus distingués a épousé, il y a peu de temps, la fille d'un célèbre chanteur de l'Opéra-Italien, qui est sous tous les rapports la plus grande basse-taille de notre époque ; la jeune dame est belle, spirituelle et gracieuse. Il y a quelques jours, nous avons encore appris qu'un autre célèbre pianiste de Varsovie entre dans la lice matrimoniale, que lui aussi se hasarde sur cette haute mer, pour laquelle on n'a pas encore inventé de boussole. A la bonne heure ! hardi pilote, pousse gaiement au large, et qu'aucune tempête ne brise ton gouvernail ! Aujourd'hui on dit même que le plus grand violoniste que Breslau ait envoyé à Paris se marie en cette ville, que ce maître de l'archet s'est, lui aussi, lassé de son calme bonheur de garçon, et qu'il veut tenter le terrible inconnu d'au-delà des noces. Nous vivons dans une période héroïque. L'autre jour un virtuose également célèbre a célébré ses fiançailles. Il a, comme Thésée, trouvé une belle Ariane qui doit le guider à travers le labyrinthe de cette vie ; elle ne sera pas en peine d'un peloton de fil, car elle est couturière.

Les violonistes sont en Amérique, et nous avons reçu les nouvelles les plus réjouissantes sur les voyages de triomphe d'Ole Bull, le La Fayette du *puff*, qui en matière de réclames est le héros des deux mondes. L'entrepreneur de ses succès le fit arrêter à Philadelphie, pour le contraindre à acquitter la facture des frais d'ovation. Le célèbre virtuose a fini par bourse délier, et on ne peut plus dire maintenant que le blond fils du Nord, l'ingénieux héros du violon, soit redevable de sa gloire à personne au monde. Ici à Paris, nous avons dans l'intervalle entendu *signor* Sivori ; Portia*, la judicieuse princesse, dirait : "Puisque le bon Dieu le donne pour un homme, je veux le prendre pour tel" ; mais j'ai à surmonter beaucoup de répugnance pour lui faire ce compliment. Alexandre Batta a également donné cette année un très beau concert ; il pleure toujours

* Dans *Le Marchand de Venise* de Shakespeare.

sur son grand violoncelle toutes les petites larmes enfantines de son corps. A cette occasion, je pourrais aussi louer M. Selighausen ; il en a besoin.

Ernst a été ici. Mais par caprice il n'a pas voulu donner de concert ; il se plaît à ne jouer que chez des amis. Cet artiste est aimé et estimé ici. Il le mérite. Il est le vrai successeur de Paganini, il a hérité du violon enchanteur avec lequel le Génois savait émouvoir les pierres, et même les bûches. Paganini qui, avec le plus léger coup d'archet, nous conduisait tantôt sur les hauteurs les plus inondées du soleil, et tantôt faisait plonger nos regards dans les plus noirs abîmes, possédait, il est vrai, une force plus magique ; mais ses ombres et ses lumières étaient parfois trop saccadées, trop crues, ses contrastes trop tranchés, et les accents merveilleux, où il semblait évoquer les voix les plus mystérieuses de la nature, étaient souvent l'effet d'un hasard et même d'une méprise artistique. Ernst est plus harmonieux, et les teintes molles prédominent chez lui. Il a cependant une prédilection pour le fantastique et même le baroque, pour ne pas dire le scurrile, et beaucoup de ses compositions me font souvenir des bizarres contes dramatisés de Gozzi, des plus excentriques mascarades du *Carnaval de Venise.* La pièce de musique connue sous ce titre, et que Sivori avait impudemment capturée, est un *capriccio* d'Ernst. Cet amateur du fantasque sait aussi, quand il veut, être parfaitement poétique, et j'ai entendu l'autre jour un nocturne de sa composition, qui était une merveille de beauté. On se croyait transporté dans une belle nuit italienne, au clair de lune argenté, aux silencieuses allées de cyprès, aux blanches et scintillantes statues de marbre et aux fontaines jaillissantes, dont le doux clapotement fait rêver. Ernst a donné, comme on sait, sa démission à Hanovre, et il n'est plus maître de chapelle de Sa Royale Majesté hanovrienne. Ce n'était, en effet, pas une place convenable pour lui. Il serait plutôt fait pour diriger la musique de chambre à la cour de quelque reine des fées, par exemple chez dame Morgane ; il y trouverait l'auditoire le plus capable de le comprendre, et au nombre duquel figureraient de très éminents personnages, aussi fabuleux qu'amateurs de l'art, par exemple le roi Artus, Dietrich de Berne, Ogier le Danois, etc. Et quelles charmantes dames applaudiraient là aux sons incomparables de son archet enchanté ! Les blondes Hanovriennes sont sans doute bien gentilles, mais elles ne sembleraient cependant que des laiderons auprès d'une fée Mélior, de la dame Abonde, de la reine Geneviève, de la belle Mélusine et d'autres femmes illustres, qui séjournent à la cour de la reine Morgane, dans l'île d'Avalon. A cette cour (à aucune autre), nous espérons un jour rencontrer l'excellent artiste, car on nous y a promis aussi à nous un emploi avantageux.

XI

1er mai 1844

L'Académie royale de musique, le soi-disant Grand Opéra, se trouve, comme on sait, dans la rue Lepelletier, à peu près au milieu, et juste vis-à-vis le restaurant de Paolo Broggi. Broggi est le nom d'un Italien, qui était autrefois le cuisinier de Rossini. Quand celui-ci vint à Paris l'année dernière, il visita la *trattoria* de son ancien serviteur, et après y avoir dîné, il s'arrêta longtemps devant la porte, et, plongé dans de profondes réflexions, il contempla le grand bâtiment de l'Opéra. Une larme vint mouiller son œil, et comme quelqu'un lui demanda pourquoi il paraissait si tristement ému, le grand *maestro* répondit que Paolo lui avait préparé comme jadis son mets favori, des *ravioli* au fromage parmesan, mais qu'il n'avait pu manger la moitié de la portion, et que même celle-ci le chargeait maintenant ; il ajouta que lui, qui avait autrefois possédé l'estomac d'une autruche, ne pouvait plus à peine supporter aujourd'hui la pitance d'une tourterelle amoureuse.

Sans examiner jusqu'à quel point le vieux plaisant a mystifié son indiscret interlocuteur, nous nous bornerons aujourd'hui à donner à tout amateur de musique le conseil d'aller manger chez Broggi une portion de *ravioli*, et de rester ensuite également quelques instants devant la porte de la *trattoria* pour regarder l'édifice du Grand Opéra. Cet édifice ne se distingue pas par un luxe brillant, il a plutôt l'extérieur d'une écurie fort convenable, et le toit en est plat. Sur ce toit sont établies huit grandes statues représentant des muses. La neuvième manque, et, hélas ! c'est justement la muse de la musique. Sur l'absence de cette honorable muse, les plus singulières interprétations ont cours dans le public. Des gens prosaïques disent qu'une tempête l'a renversée du toit. Des cœurs plus poétiques prétendent, au contraire, que la Polymnie s'est précipitée en bas elle-même, dans un accès de désespoir causé par le chant misérable de M. Duprez. C'est toujours possible ; la voix de verre fêlé de Duprez est devenue si discordante qu'aucun être humain, et d'autant moins une muse, ne peut plus y tenir d'entendre de pareils sons. Si cela dure encore plus longtemps, les autres filles de Mnémosyne se précipiteront également du haut du toit, et il y aura bientôt du danger à passer le soir par la rue Lepelletier. Pour la mauvaise musique qui règne ici depuis quelque temps à l'état épidémique au Grand Opéra, je n'en veux pas parler du tout. D'entre les compositeurs du moment, Donizetti est encore le meilleur, l'Achille. On peut donc se faire aisément une idée des héros inférieurs. A ce qu'on me dit, cet Achille s'est aussi retiré dans sa tente ; il boude, Dieu sait pourquoi ! et il a fait annoncer à la direction qu'il ne fournirait pas les vingt-cinq opéras promis, parce qu'il avait l'intention de se reposer. Quelle gasconnade ! Si un moulin à vent disait de pareilles choses, nous ne ririons pas plus. Ou bien il a du vent et tourne, ou il n'a pas de vent et s'arrête. Mais M. Donizetti a ici un cousin remuant, *signor* Accursi, qui fait toujours du vent pour lui, et plus qu'il n'en faut ; car Donizetti est, comme je l'ai dit, le meilleur des compositeurs du jour.

La plus récente jouissance d'art que l'Académie de musique nous a procurée, était le *Lazzarone* de Halévy. C'est l'œuvre d'un grand artiste, et je ne sais pas pourquoi elle est tombée. M. Halévy est peut-être trop insouciant et ne cajole pas assez M. Alexandre, l'entrepreneur des succès et le grand ami de Meyerbeer.

Chaque fois qu'à l'Académie royale de musique ou aux Bouffes arrive la chute d'un opéra ou quelque autre lamentable fiasco, on y remarque une figure efflanquée et ténébreuse, au visage pâle et aux cheveux noirs comme le plumage du corbeau, oiseau de mauvais augure, et cette apparition présage toujours un sinistre musical. Les Italiens, dès qu'ils s'en aperçoivent, avancent rapidement l'index et le doigt du milieu, et disent que c'est le *Jettatore*. Mais les frivoles Français, qui n'ont pas même en musique une superstition, haussent seulement l'épaule et nomment cette forme M. Spontini.

C'est en effet notre ancien directeur général du Grand Opéra de Berlin, le compositeur de *La Vestale* et de *Fernand Cortez*, deux magnifiques chefs-d'œuvre, qui fleuriront encore longtemps dans le souvenir des hommes, et qu'on admirera encore longtemps, tandis que l'auteur lui-même se voit déjà à cette heure privé de toute admiration et n'est plus qu'un spectre impuissant, qui, rongé d'envie, hante les lieux de ses triomphes d'autrefois, et se plaît à dénigrer la vie des vivants. Il ne peut se consoler d'être mort depuis de longues années, et d'avoir vu son bâton de commandement passer dans les mains de Meyerbeer. Celui-ci, à ce que prétend le défunt, l'a repoussé de son Berlin qu'il a toujours tant aimé ; et quiconque, par pitié pour la grandeur déchue, se sent la patience de l'écouter, peut apprendre en détail de Spontini combien de pièces à conviction il a déjà rassemblées pour dévoiler les intrigues de la conjuration meyerbeerienne.

L'idée fixe du pauvre homme est et demeure Meyerbeer, et l'on raconte les histoires les plus amusantes sur cette animosité, cette rancune, toujours rendue inefficace par la trop grande dose de vanité qui s'y mêle. Quelque écrivain feuilletoniste se plaint-il de Meyerbeer, disant par exemple que celui-ci a tardé depuis de longues années à mettre en musique les vers que lui, le poète, avait écrits sur la demande la plus empressée du compositeur, alors Spontini saisit vivement la main du parolier blessé, et s'écrie : "J'ai votre affaire ! Je sais le moyen par lequel vous pourrez vous venger de Meyerbeer, c'est un moyen infaillible, et le voici : vous écrirez sur moi un grand article, et plus vous ferez ressortir mes mérites, plus vous vexerez Meyerbeer." Une autre fois, qu'un ministre de France reproche avec humeur à l'auteur des *Huguenots* d'avoir, en dépit de l'urbanité avec laquelle on l'a traité ici, accepté une charge servile à la cour de Berlin ; aussitôt notre Spontini s'élance joyeusement vers le ministre, et s'écrie : "J'ai votre affaire ! Vous pouvez infliger à l'ingrat le plus dur châtiment, vous pouvez lui porter un coup de poignard, si vous me nommez grand officier de la Légion d'honneur." Dernièrement Spontini trouva le pauvre Léon Pillet, le malheureux directeur du Grand Opéra, dans la plus grande exaspération contre Meyerbeer, qui venait de lui faire annoncer par M. Gouin qu'à cause de son mauvais personnel de chant il ne voulait pas encore produire le *Prophète.* Comment alors les yeux de l'Italien s'illuminèrent ! "J'ai votre affaire ! s'écria-t-il dans un transport de joie. Je vais vous donner un divin conseil, comment vous pourrez humilier à mort l'ambitieux intrigant : faites faire ma statue en grandeur naturelle, placez-la au foyer de l'Opéra, et ce bloc de marbre pèsera comme un cauchemar sur le cœur de Meyerbeer." L'état mental de Spontini commence à la longue à causer de graves soucis aux siens, notamment à la famille d'Erard, le riche fabricant de pianos, dont il est le beau-frère du côté de sa femme. Il y a quelques jours, je le rencontrai dans les salles de l'étage supérieur du Louvre, où sont exposées les antiquités égyptiennes. Le chevalier Spontini s'y tenait depuis près d'une heure, immobile comme une statue et les bras croisés, devant une grande momie, dont la pompeuse dépouille dorée annonce un roi. C'était même, dit-on, ce fameux roi Aménophis, sous le règne duquel les enfants d'Israël quittèrent le pays d'Egypte. Mais Spontini rompit enfin son silence, et s'adressa en ces termes à l'auguste momie : "Malheureux Pharaon ! tu es cause de mon malheureux sort. Si tu n'avais pas laissé partir du pays d'Egypte les enfants d'Israël, ou si tu les avais tous fait noyer dans le Nil, noyade dont tu avais déjà fait un bon commencement, je n'eusse pas été expulsé de Berlin par Meyerbeer et Mendelssohn, et j'y dirigerais toujours le Grand Opéra et les concerts de la cour de ton confrère Sa Majesté Royale de Prusse. Malheureux Pharaon, faible roi des crocodiles, c'est grâce à tes demi-mesures que je suis maintenant un homme ruiné – et Moïse et Halévy et Mendelssohn et Meyerbeer ont vaincu !" Voilà les discours que tient l'infortuné, et nous ne saurions lui refuser notre commisération.

Quant à Meyerbeer, son *Prophète*, comme je l'ai indiqué tout à l'heure, ne viendra pas de sitôt. Lui-même cependant, à ce que mandent les journaux, ne fixera pas pour toujours sa résidence à Berlin. Il séjournera alternativement, comme par le passé, la moitié de l'année ici à Paris, et l'autre moitié à Berlin, chose à laquelle il s'est formellement engagé. Sa position rappelle assez celle de Proserpine, seulement le pauvre *maestro* trouve ici comme là-bas à Berlin son enfer et ses tourments infernaux. Nous espérons le voir encore cet été ici à Paris, dans ce beau Tartare, où l'attendent déjà quelques centaines de diables et de diablesses musicaux, pour lui écorcher les oreilles de leurs mélodieux hurlements. Du matin au soir il est forcé d'écouter des chanteurs et des chanteuses qui veulent débuter ici, et dans ses heures de loisir il est occupé des albums d'Anglaises voyageuses.

Il y a eu cet hiver foison de débutants au Grand Opéra. Un de nos compatriotes germaniques se produisit comme Marcel dans les *Huguenots.* Il n'était peut-être en Allemagne qu'un rustre avec une grosse voix de buveur de bière, et il croyait pour cela pouvoir briller à Paris comme basse-taille. Cet individu braillait comme dix ânes. Une dame allemande aussi, que je soupçonne d'être berlinoise, se montra sur les planches de la rue Lepelletier. Elle passe pour un modèle de vertu et elle chante très faux. On prétend que non seulement son chant, mais tout en elle, les cheveux, deux tiers de ses dents, les hanches, le postère, tout est faux, et que son haleine seule lui appartient en propre ; les galants habitués des coulisses seront ainsi contraints de se tenir respectueusement à distance de cette grande vertu. Notre *prima donna*, Mme Stoltz, ne pourra guère se maintenir plus longtemps ; le sol est miné sous ses pieds, et bien qu'elle soit jolie, très gracieuse, très spirituelle et pleine de talents, et qu'en femme elle ait à sa disposition toutes les ruses du sexe, elle finira par succomber devant le grand Giacomo Machiavelli, qui désirerait voir Mme Viardot-García engagée à sa place, pour que celle-ci chante le rôle principal de son *Prophète.* Mme Stoltz prévoit son sort, elle pressent que même la folle tendresse que lui voue le directeur de l'Opéra, pas plus que l'admiration du public, ne pourra la sauver, quand le grand *maestro* de l'art de l'intrigue fera jouer ses artifices ; et elle a résolu de quitter Paris de son gré, de n'y retourner jamais, et de terminer sa vie sur la terre étrangère. *Ingrata patria*, dit-elle l'autre jour, *nec ossa quidem mea habebis**. La pauvre femme n'a plus en effet depuis quelque temps que la peau et les os.

Chez les Italiens, à l'*Opera buffa*, il y a eu l'hiver passé d'aussi brillants échecs qu'au Grand Opéra. Les chanteurs étaient là également le sujet de bien des plaintes, avec la différence que les Italiens ne voulaient pas chanter parfois, tandis que les pauvres serins français ne savaient pas chanter. Seulement *signor* Mario et *signora* Grisi, ce ravissant couple de rossignols, étaient toujours exacts à leur poste dans la salle Ventadour, et par leur charmant ramage ils y évoquaient autour de nous le printemps le plus florissant, tandis qu'au-dehors mugissaient le vent et les tourbillons de neige, et les concerts de pianistes, et les débats de la Chambre des députés, et la fureur de la polka. Oui, c'est un couple de rossignols enchanteurs, et l'Opéra-Italien est la forêt éternellement verdoyante, éternellement chantante, où je me réfugie souvent lorsqu'une tristesse hivernale

* "Ingrate patrie, tu n'auras pas mes os", paroles attribuées à Scipion l'Africain en exil (Tite-Live, *Histoire romaine*, XXXVIII, 53).

m'entoure de ses brouillards, ou que le froid de la vie me devient insupportable. Là, dans la douce retraite d'une loge grillée, on se sent délicieusement réchauffé, et l'on n'expire du moins pas sous l'étreinte de la gelée. La magie harmonieuse y transforme en poésie ce qui, l'instant d'auparavant, n'était qu'une grossière réalité ; la douleur se perd dans des arabesques de fleurs, et bientôt notre cœur se pâme d'aise et se prend de nouveau à rire. Quel délice, quand Mario chante et que dans les yeux de Grisi les accents du rossignol bien-aimé se reflètent pour ainsi dire comme un écho visible ! Quel plaisir, quand Grisi chante, et que dans sa voix résonnent mélodieusement le tendre regard et le sourire bienheureux de Mario ! C'est un ravissant couple, et le poète persan, qui a nommé le rossignol la rose parmi les oiseaux et la rose le rossignol parmi les fleurs, se verrait ici tomber dans un imbroglio inextricable, car tous les deux, Mario et Grisi, ne sont pas seulement distingués par le chant, mais aussi par la beauté.

Malgré le contentement que nous procure la présence de Mario et de Grisi, nous regrettons vivement, au Théâtre-Italien, Mme Pauline Viardot, ou, comme nous préférons l'appeler, Mme García. Elle n'est pas remplacée, et personne ne saurait la remplacer. Celle-ci n'est pas une Philomèle exclusivement douée du talent de l'espèce, et sachant parfaitement sangloter et gazouiller le genre printanier ; – elle n'est pas non plus une rose, car elle est laide, mais d'une sorte de laideur qui est noble, je pourrais presque dire belle, et qui a parfois ravi en extase le grand peintre de lions, Delacroix. En effet, Mme García ne rappelle guère la beauté civilisée et la grâce apprivoisée de notre patrie européenne, mais bien plutôt la splendeur sinistre d'un exotique paysage dans le désert. A plus d'un moment de son jeu passionné, surtout quand elle ouvre plus que largement sa grande bouche aux dents blanches et éclatantes, et qu'elle sourit avec une douceur si horrible et un si gracieux grincement : alors on s'imagine qu'au même instant on verra apparaître à côté d'elle toutes les prodigieuses espèces végétales et animales de l'Hindoustan ou de l'Afrique ; – on pense voir surgir des palmiers gigantesques enlacés de lianes aux mille fleurs ; – et l'on ne serait pas étonné si tout à coup un léopard, ou une girafe, ou même une troupe de jeunes éléphants, arrivaient sur la scène, pour s'y livrer à des ébats amoureux. Quels piétinements ! quels coups de trompe ! quel talent grandiose !

Pendant que l'Académie de musique restait frappée d'une déplorable langueur, et que les Italiens ne faisaient aussi que se traîner tristement, la troisième scène lyrique, l'Opéra-Comique, s'éleva à son sommet le plus joyeux. Là, un succès surpassait l'autre, et la caisse n'avait pas moins lieu de s'applaudir. On y récoltait encore plus d'argent que de lauriers, ce qui n'a certes pas été un malheur pour la direction. Les textes des nouveaux opéras qu'on y a donnés étaient toujours de Scribe, l'homme qui un jour prononça cette grande parole : "L'or n'est qu'une chimère !" et qui cependant court toujours après cette chimère. C'est l'homme de l'argent, du réalisme en espèces sonnantes ; il ne se fourvoie jamais sur les hauteurs romantiques et stériles d'un monde idéal, mais il se cramponne fermement à la terrestre réalité du mariage de raison, du civisme industriel et des droits d'auteur. Des bravos éclatants ont accueilli le nouvel opéra de Scribe, *La Sirène*, pour lequel Auber a écrit la musique. L'auteur et le compositeur se conviennent ici parfaitement : ils ont peut-être le sentiment le plus raffiné des choses intéressantes ; ils savent nous amuser agréablement et parfois même nous enchanter ou nous éblouir par les lumineuses facettes de leur esprit ; ils possèdent l'un et l'autre un certain talent pour le filigrane, au moyen duquel ils relient ensemble les plus mignonnes bagatelles ; et l'on oublie chez eux qu'il y a une poésie. Ils sont une espèce de *lorettes* dans l'art ; par leur sourire ils effacent de notre mémoire les cauchemars du passé, toutes les histoires de revenants qui nous oppressaient le cœur, et par leurs caresses coquettes ils écartent de notre front, comme avec un gentil chasse-mouches de plumes de paon, les bourdonnantes pensées de l'avenir. A cette espèce candidement galante appartient aussi Adam, qui avec son *Cagliostro* a recueilli également de très frivoles lauriers à l'Opéra-Comique. Adam est l'homme le plus avenant et le plus aimable, et son talent est encore susceptible d'un grand développement. Une mention honorable est encore due à M. Thomas, dont l'*operetto* intitulé *Mina* a beaucoup réussi.

Mais tous ces triomphes ont été surpassés par la vogue du *Déserteur*, vieil opéra de Monsigny, que l'Opéra-Comique a exhumé des cartons de l'oubli. Voilà de la vraie musique française ! la grâce la plus sereine, une douceur ingénue, une fraîcheur semblable au parfum des fleurs des bois, un naturel vrai, vérité et nature, et même de la poésie. Oui, cette dernière n'est pas absente, mais c'est une poésie sans le frisson de l'infini, sans charme mystérieux, sans amertume, sans ironie, sans *morbidezza*, je dirais presque une poésie jouissant d'une bonne santé. Et cette santé est à la fois élégante et rustique. L'opéra de Monsigny me rappela immédiatement les œuvres de son contemporain, le peintre Greuze : je reconnus dans la musique de celui-là toutes les scènes champêtres que celui-ci a peintes, et je crus retrouver dans certains morceaux de Monsigny le pinceau de Greuze. En écoutant cet opéra, je compris clairement que les arts du dessin et les arts récitants de la même époque respirent toujours un seul et même esprit, et que les chefs-d'œuvre contemporains portent tous le signe caractéristique de la plus intime parenté.

Je ne puis clore cette lettre sans ajouter que la saison musicale n'est pas encore finie, et qu'elle résonne cette année, contre toute habitude, jusqu'au cœur du mois de mai. Dans ce moment on donne les plus notables bals et concerts, et la polka rivalise toujours avec le piano. Les oreilles et les pieds sont fatigués, mais ils ne peuvent pas encore se résoudre au repos. Le printemps, qui s'est présenté cette fois de si bonne heure, fait fiasco ; on remarque à peine le feuillage verdoyant et les rayons du soleil. Les médecins, peut-être tout particulièrement les médecins des aliénés, trouveront bientôt beaucoup d'occupation. Dans ce tourbillon bariolé, dans cette rage des plaisirs, dans ce tumulte chantant et sautant, la mort et la démence guettent leurs victimes. Les vibrantes touches de bois du piano-forte affectent terriblement nos nerfs, et la grande maladie tournoyante, la polka, nous donne le coup de grâce.

XII

Cédant à un triste caprice, je joins aux précédentes communications les feuilles suivantes, que j'ai écrites dans l'été de 1847, et qui forment ma dernière correspondance musicale. Pour moi toute musique a cessé depuis, et je ne me doutais pas au moment que je décrivis l'état sanitaire de Donizetti, qu'une affection semblable et bien plus douloureuse m'atteindrait bientôt. Voici la courte notice dont je viens de parler :

Depuis Gustave Adolphe, de glorieuse mémoire, aucune réputation suédoise n'a fait dans le monde autant de bruit que Jenny Lind. Les nouvelles qui nous parviennent d'Angleterre à ce sujet frisent l'incroyable. Dans les journaux ne retentissent que coups de trompette et fanfares de triomphe : nous n'entendons chanter que des dithyrambes pindariques. Un de mes amis m'a raconté que dans telle ville d'outre-Manche toutes les cloches furent sonnées, lorsque le rossignol suédois y fit son entrée ; l'évêque de l'endroit célébra cet événement par un sermon qu'il prononça dans l'église métropolitaine. Revêtu de son costume épiscopal anglican, qui ressemble assez à la livrée de croque-mort d'un employé des pompes funèbres, il monta en chaire et salua solennellement la nouvelle arrivée de Jenny Lind comme un rédempteur en jupons, comme la vertu incarnée, qui serait descendue du ciel pour sauver ce pauvre monde par son chant, et pour racheter notre âme de tout péché par sa voix céleste, tandis que les autres cantatrices, disait-il, n'étaient qu'autant de diablesses qui, par leurs fredons, leurs trilles et leurs roulades impies, nous entraînent dans l'abomination et la damnation, dans la gueule de Satan. Les Italiennes Grisi et Persiani vont sans doute maintenant, à force d'envie et d'aigreur, devenir jaunes comme des serins des Canaries, tandis que notre Jenny, le rossignol suédois, voltige d'un triomphe à l'autre. Je dis notre Jenny, car au fond le rossignol suédois, notre Jenny, ne représente pas exclusivement la petite Suède, mais elle représente toutes les populations de race germanique, les descendants des Cimbres aussi bien que ceux des Teutons, elle est en même temps allemande, non moins que ses sœurs aux bords de l'Elbe et du Neckar ; oui, elle appartient à l'Allemagne, de même que Shakespeare nous appartient d'après l'affirmation de Franz Horn, et de même que Spinoza d'après sa nature intime, à ce que disent nos philosophes patriotes, ne peut être qu'un Allemand – ainsi avec orgueil nous appelons Jenny Lind la nôtre ! Jubilez, Westphalie et Poméranie, vous aussi participez à cette gloire ! Saute de joie, Massman, grand sauteur de l'art gymnastique, fais tes bonds les plus tudesques, car notre Jenny ne parle pas un baragouin roman, une espèce de latin bouilli, mais le pur gothique, le scandinave, l'allemand le plus allemand, et tu peux la saluer comme ta compatriote dans la langue d'Ulfila et des *Minnesinger* ; seulement il faudra laver ta main teutonique avant de la lui présenter pour serrer la sienne. Oui, Jenny Lind est allemande ; son seul nom fait songer à une *Linde*, le beau nom que portent nos tilleuls, ces vertes cousines des chênes allemands ; elle n'a pas la chevelure noire des *prime donne* du Midi, dans ses yeux bleus nagent une âme septentrionale et le clair de la lune, et dans son gosier résonne la plus intacte virginité ! Voilà ce que c'est. *"Maidenhood is in her voice"* – tel fut le refrain de tous les *old spinsters* de Londres, et toutes les prudes *ladies*, tous les pieux *gentlemen*, la mauvaise queue de Richardson* qui est toujours en vie, répéta ce mot sur le même diapason, en dirigeant des regards humides vers le ciel ; et toute la Grande-Bretagne fêta en Jenny Lind la gazouillante virginité, le pucelage chantant. Voilà la clef, nous l'avouons franchement, de l'enthousiasme incompréhensible et fabuleusement colossal, que Jenny Lind a trouvé en Angleterre, et qu'elle sait aussi, soit dit entre nous, très bien exploiter. Elle ne chante, disait-on, que pour pouvoir bientôt se départir à jamais du métier mondain

* Samuel Richardson (1689-1761), dont les romans *(Clarissa Harlowe)* exercèrent une grande influence sur la "sensibilité", au XVIIIe siècle.

de cantatrice, où elle veut seulement gagner la dot nécessaire pour épouser un jeune ecclésiastique protestant, le pasteur Swenske qui, dans l'intervalle, l'attend avec une fidélité toute pastorale dans son presbytère idyllique derrière Uppsala, je crois, à gauche de la grande route, en tournant du côté des tilleuls qui conduisent à un moulin à vent. Depuis, il est vrai, quelques voix prétendent que le jeune pasteur Swenske n'existe pas, qu'il n'est qu'un mythe scandinave, et que le véritable fiancé de la virginité chantante est un vieux cabotin du théâtre de Stockholm – mais c'est sans doute une calomnie. L'esprit de chasteté de cette *prima donna immaculata* se révèle de la façon la plus ravissante dans sa répugnance pour Paris, la Sodome moderne, répugnance qu'elle manifeste à chaque occasion pour la plus grande édification de toutes les dames patronnesses de la moralité au-delà de la Manche. Jenny a fait vœu de la manière la plus positive de n'exposer jamais sur les planches perverses de la rue Lepelletier sa virginité chantante ; elle a refusé définitivement toutes les offres que M. Léon Pillet lui fit faire par les plus habiles *ruffiani* de l'art. "Cette trop rude vertu me stupéfait" – dit le vieux Paulet dans le drame de *Marie Stuart**. Y a-t-il du vrai dans le bruit qui court parmi le public, et d'après lequel le rossignol suédois aurait passé autrefois quelques années à Paris, et aurait reçu des leçons de musique au Conservatoire immoral de cette ville, aussi bien que d'autres

* De Schiller.

oiseaux chantants et très volages qui depuis ont pris un grand vol ? Ou bien Jenny craindrait-elle cette frivole critique parisienne, qui dans une chanteuse ne censure pas les mœurs, mais seulement la voix, et regarde une fausse intonation comme le plus grand vice d'une cantatrice ? Quoi qu'il en soit, notre Jenny ne viendra pas à Paris, et n'arrachera pas les Français, par son chant, du gouffre des péchés. Ils resteront échus à la damnation éternelle.

Ici à Paris, rien n'a changé dans le monde musical ; dans l'Académie royale de musique règne toujours un temps d'hiver gris et humide, tandis qu'au-dehors revivent le soleil de mai et le parfum des violettes. Dans le vestibule de l'Opéra se tient toujours, le front voilé de tristesse, la statue du divin Rossini ; il se tait. M. Léon Pillet a fait une action qui l'honore lui-même, en dressant à ce génie véritable un monument pendant sa vie. Rien n'est plus drôle que de voir la grimace avec laquelle la jalousie et l'envie regardent cette pierre. Quand *signor* Spontini passe près d'elle, il s'y heurte chaque fois. Notre grand *maestro* Meyerbeer est beaucoup plus fin ; en allant le soir à l'Opéra, il a toujours su éviter avec prudence ce marbre malencontreux, et il cherchait même à en détourner les yeux. De la même manière, les Juifs à Rome ont l'habitude de faire toujours un grand détour, même dans leurs courses d'affaires les plus pressées, pour ne point passer près du fatal arc de triomphe de Titus, qui a été élevé en souvenir de la ruine de Jérusalem. Les nouvelles de l'état souffrant de Donizetti deviennent de jour en jour plus attristantes. Tandis que ses mélodies ravissent le monde par leurs joyeux accents, et que partout on le chante et le fredonne, il est assis lui-même, effrayante image de la démence, dans une maison de santé non loin de Paris. Pour sa toilette seule, il avait gardé, jusqu'il y a quelque temps, un puéril éclair de raison, et il se faisait habiller soigneusement chaque matin, en parfaite mise de gala de cour, l'habit orné de toutes ses décorations, ainsi il restait assis immobile, le chapeau à la main, depuis le matin de bonne heure jusque tard dans la soirée. Mais cela a cessé également, il ne reconnaît plus personne. Tel est le sort de la pauvre humanité !

INDEX DES NOMS DE MUSICIENS

BABEL

Extrait du catalogue

290. ELISABETH K. PORETSKI
Les Nôtres

291. ÉDOUARD AL-KHARRAT
Alexandrie, terre de safran

292. THOMAS HOBBES
De la nature humaine

293. MIKHAIL BOULGAKOV
Récits autobiograhiques

294. RUSSELL BANKS
De beaux lendemains

295. RENÉ GOSCINNY
Tous les visiteurs à terre

296. IBRAHIMA LY
Toiles d'araignées

297. FRANÇOIS PARTANT
La Fin du développement

COÉDITION ACTES SUD – LEMÉAC

Ouvrage réalisé par l'Atelier graphique Actes Sud. Achevé d'imprimer en octobre 1997 par Bussière Camedan Imprimeries à Saint-Amand-Montrond (Cher) sur papier des Papeteries de Jeand'heurs pour le compte d'ACTES SUD, Le Méjan, place Nina-Berberova 13200 Arles.
N° d'éditeur : 2698. Dépôt légal 1re édition : novembre 1997.
N° impr. 1/2927